广东省普通干线公路设计标准化指南

Standardized design guide for Guangdong Province general trunk highway

（试行）

主编单位：广东省交通运输厅

人民交通出版社股份有限公司
China Communications Press Co., Ltd.

图书在版编目(CIP)数据

广东省普通干线公路设计标准化指南／广东省交通运输厅主编. — 北京：人民交通出版社股份有限公司，2019.7

ISBN 978-7-114-15693-9

Ⅰ. ①广… Ⅱ. ①广… Ⅲ. ①干线公路—设计—标准化—广东 Ⅳ. ①U412.1-65

中国版本图书馆 CIP 数据核字(2019)第 133182 号

书　　名：	广东省普通干线公路设计标准化指南（试行）
著 作 者：	广东省交通运输厅
责任编辑：	韩亚楠　崔　建
责任校对：	刘　芹
责任印制：	张　凯
出版发行：	人民交通出版社股份有限公司
地　　址：	(100011)北京市朝阳区安定门外外馆斜街 3 号
网　　址：	http://www.ccpress.com.cn
销售电话：	(010)59757973
总 经 销：	人民交通出版社股份有限公司发行部
经　　销：	各地新华书店
印　　刷：	北京鑫正大印刷有限公司
开　　本：	880×1230　1/16
印　　张：	10.25
字　　数：	201 千
版　　次：	2019 年 7 月　第 1 版
印　　次：	2019 年 7 月　第 1 次印刷
书　　号：	ISBN 978-7-114-15693-9
定　　价：	52.00 元

(有印刷、装订质量问题的图书，由本公司负责调换)

广东省交通运输厅

粤交基函〔2019〕512号

广东省交通运输厅关于印发《广东省普通干线公路设计标准化指南(试行)》的通知

各地级以上市交通运输局,省公路事务中心,省交通运输工程造价事务中心:

近几年来,我省普通公路建设(改造)进入了新一轮高峰期,随着"放管服"改革的深化推进,普通干线公路审批权限进一步下放到市、县(区)一级,为进一步提高我省普通公路建设(改造)设计质量和审批效率,有效控制普通干线公路工程造价,提高交通行业技术管理能力和水平,加强普通干线公路前期设计源头管理,精心设计,节省造价,促进建设资金筹措;做到科学计划、合理设计、合理造价,实现"花少钱,多办事,办实事",促进普通干线公路高质量发展。厅组织相关单位编制了《广东省普通干线公路设计标准化指南(试行)》,

现印发给你们,请遵照执行。使用过程中有何意见和建议,请与省公路事务中心联系(联系地址:广州市环市东路 428 号;电话:020-87304223)。

广东省交通运输厅

2019 年 4 月 28 日

公开方式:主动公开

抄送:各地级以上市公路局(事务中心)。

编制总说明

　　《广东省普通干线公路设计标准化指南(试行)》(简称"指南")为广东省公路工程行业标准,是符合广东省本地特色的普通干线公路的设计原则及解决相关问题的办法,对国家部颁规范有关设计要求、技术参数进行细化。

　　本指南是在广东省范围内包括珠三角(广州)、粤东(汕头)、粤北(韶关)、粤西(湛江)等地区调研后,收集相关项目设计资料,获取本地调研后的设计经验,参考国家规范及地方行业性规范,编制符合广东省特色的地方行业规范。

　　参考的主要地方行业性规范有《广东省高速公路工程设计标准化》《江苏省干线公路勘察设计指南》《福建省普通干线公路标准化设计指南》《湖北省普通国省道设计技术指南》《湖北省绿色生态旅游公路指南》等,同时参考了其他地标及行业标准。

　　收集的主要项目资料主要有调查问卷、调研报告、历年设计的国省道改造项目、路面加铺项目等,以及调研各地市设计院的国省道改造项目。

　　具体各细节说明参看条文说明。

前 言

牢固树立新发展理念,贯彻落实生态文明建设,坚持节约资源和保护环境的基本国策,推动广东省普通干线公路转型升级、绿色生态可持续发展。

2018—2020年广东省普通公路建设(改造)将进入新一轮高峰期,随着"放管服"改革的进一步深化,普通公路审批权限进一步下放到市、县(区)一级,为进一步提高广东省普通公路建设(改造)设计质量和审批效率,有效控制普通公路工程造价,提高交通行业技术管理能力和水平,2018年广东省交通运输厅牵头会同广东省公路事务中心组织广东省交通规划设计研究院股份有限公司、交通运输部公路科学研究院、广东华美加工程顾问有限公司、广东粤路勘察设计有限公司、广东省交通运输工程造价事务中心等单位联合成立《广东省普通干线公路设计标准化指南(试行)》编制项目组,开展全省普通干线公路设计标准化研究工作。

本指南坚持"以人为本,绿色生态,资源节约,可持续发展"的思路,贯彻"安全、环保、舒适、和谐"的设计理念,总结以往广东省内外公路的设计经验,结合广东省地域自然特色、经济发展状况、交通量等因素,针对广东省普通干线公路建设过程中遇到的问题进行分析,提出适合广东省情况的设计方法及设计理念,细化有关设计要求、技术参数,切实指导广东省普通干线公路勘察设计工作。

本指南共分为13章:1 总则,2 术语,3 总体设计,4 既有公路调查、检测与评价,5 工程地质勘察,6 公路横断面,7 路线,8 路基,9 路面,10 桥梁涵洞,11 平面交叉,12 交通安全设施工程,13 造价编制及要求。其中广东省交通规划设计研究院股份有限公司负责编写第1章、第2章、第3章、第5章、第6章、第7章、第10章和第12章,广东粤路勘察设计有限公司负责编写第11章,广东华美加工程顾问有限公司负责编写第4章、第8章和第9章,广东省交通运输工程造价事务中心负责编写第13章,交通运输部公路科学研究院负责咨询工作。

本指南在编写过程中,各地市交通公路部门及有关设计单位对指南的编写提出了许多宝贵意见,在此一并表示感谢。

本指南难免存在不足之处,请各有关单位在执行过程中将发现的问题和意见,及时函告广东省公路事务中心(联系地址:广州市环市东路428号,电话:020-87304223),以便修订时研用。

主 编 单 位: 广东省交通运输厅
广东省公路事务中心

参 编 单 位: 广东省交通规划设计研究院股份有限公司
广东华美加工程顾问有限公司(广东逸华交通工程检测有限公司)
广东粤路勘察设计有限公司
广东省交通运输工程造价事务中心

咨 询 单 位: 交通运输部公路科学研究院

主要编写人员:

广东省交通规划设计研究院股份有限公司: 刘桂红　梁志勇　王景奇　陈新富
　　　　　　　　　　　　　　　　　　　李志江　郭文华　汪　超　王　钊
　　　　　　　　　　　　　　　　　　　黎　敏　谢陈峰

广东华美加工程顾问有限公司
(广东逸华交通工程检测有限公司): 袁万杰　何扬春　孙　兵　孙　健
　　　　　　　　　　　　　　　　韩　亮　覃华清　何嘉俊　孙　菲
　　　　　　　　　　　　　　　　黄鹏程

广东粤路勘察设计有限公司: 林立新　赖　毅　万　奔

广东省交通运输工程造价事务中心: 王燕平　易万中　郑宇春　樊宏亮

咨询单位人员:

交 通 运 输 部 公 路 科 学 研 究 院: 李爱民　赵之杰　张　阳　路凯冀
　　　　　　　　　　　　　　　　　何亚斌　周荣贵　李　冰

目 录

1 总则 ··· 1
2 术语 ··· 3
  2.1 术语 ·· 3
  2.2 符号 ·· 3
3 总体设计 ·· 5
  3.1 一般规定 ··· 5
  3.2 技术标准 ··· 6
  3.3 设计要点 ··· 7
4 既有公路调查、检测与评价 ·· 8
  4.1 一般规定 ··· 8
  4.2 调查与检测 ··· 8
5 工程地质勘察 ··· 17
  5.1 一般规定 ··· 17
  5.2 预可行性研究阶段 ··· 17
  5.3 工程可行性研究阶段 ··· 17
  5.4 初步设计阶段 ·· 18
  5.5 施工图设计阶段 ·· 20
6 公路横断面 ·· 22
  6.1 一般规定 ··· 22
  6.2 标准横断面设计 ·· 23
  6.3 设计要点 ··· 29
7 路线 ··· 30
  7.1 一般规定 ··· 30
  7.2 路线平面 ··· 31
  7.3 路线纵面 ··· 33
  7.4 平、纵面线形的组合设计 ·· 35

8 路基	36
8.1 一般规定	36
8.2 一般路基	36
8.3 特殊路基	40
8.4 路基防护	41
8.5 路基路面排水	44
9 路面	47
9.1 一般规定	47
9.2 新建路面结构	47
9.3 改扩建及路面改造	51
9.4 路面材料	56
10 桥梁涵洞	58
10.1 一般规定	58
10.2 桥涵总体设计	60
10.3 桥梁上部结构设计	61
10.4 桥梁下部结构设计	62
10.5 基础	63
10.6 桥梁改扩建	64
10.7 桥面铺装、桥面排水、伸缩装置及其他	65
10.8 涵洞	66
10.9 桥梁标准化设计	67
11 平面交叉	73
11.1 一般规定	73
11.2 平面交叉处公路的线形	76
11.3 视距	82
11.4 平面交叉转弯设计	84
11.5 平面交叉附加车道设计	84
11.6 平面交叉的设施	86
11.7 平面交叉的改善	89
11.8 公路与乡村道路交叉	90
12 交通安全设施工程	91
12.1 一般规定	91
12.2 防护设施	91

12.3	标志	92
12.4	标线	93
12.5	视线诱导设施	94
12.6	其他交通安全设施	95

13 造价编制及要求 ··· 96
- 13.1　一般规定 ··· 96
- 13.2　合理设计、合理造价的基本要求 ··· 97
- 13.3　造价文件的编制原则与依据 ··· 97
- 13.4　造价文件的编制要求 ··· 98
- 13.5　造价指标 ··· 102

本指南用词说明 ··· 124

附件 《广东省普通干线公路设计标准化指南（试行）》条文说明 ··· 125
- 1　总则 ··· 127
- 3　总体设计 ··· 129
- 4　既有公路调查、检测与评价 ··· 132
- 6　公路横断面 ··· 134
- 7　路线 ··· 136
- 8　路基 ··· 141
- 9　路面 ··· 143
- 10　桥梁涵洞 ··· 145
- 11　平面交叉 ··· 148
- 12　交通安全设施工程 ··· 150

1 总　　则

1.0.1　树立尊重自然、顺应自然、保护自然、恢复自然的生态文明理念，坚持安全选线、地形选线、地质选线、环保选线的路线设计原则；全面推动公路品质工程、绿色公路可持续发展，指导广东省普通干线公路的勘察设计工作，特制定《广东省普通干线公路设计标准化指南(试行)》。

1.0.2　本指南适用于广东省境内一级、二级公路新建、改扩建及路面改造的普通干线公路的勘察设计。其他普通公路可参照使用。

1.0.3　本指南是在执行现有国家标准、行业标准和规范的基础上，坚持因地制宜、合理确定技术标准、灵活运用技术指标的设计原则。

1.0.4　干线公路设计应在认真总结吸收国内公路设计和建设经验的基础上，积极推动绿色公路建设，提高设计的科学合理性。

1.0.5　公路建设项目应重视做好总体设计。总体设计应贯穿于公路建设项目从可行性研究到施工图设计全过程的各个阶段，并覆盖公路建设项目的各相关专业。

1.0.6　普通干线公路设计，应贯彻环境保护、耕地保护和资源节约的基本原则，坚持以人为本、安全至上的理念，遵循"利用与改扩建充分结合、建设与运营相互协调"的原则，科学论证，提出合理方案。

1.0.7　改扩建公路应在调查、评价既有公路的基础上，结合改扩建需求，尽量利用现有资源。

1.0.8　设计应结合工程项目的实际情况，具体情况具体分析，在安全的前提下合理采用有关技术标准和指标。

1.0.9　设计应将动态设计理念贯穿于工程建设的全过程。动态设计即根据建设现场反馈的情况进行及时优化设计。

1.0.10　由两家及以上单位承担勘察设计时，应确定总体设计单位。总体设计单位应加强与其他勘察设计单位的协调、统一与衔接,牵头编制建设项目《初步设计、施工图设计原则》或《初步设计、施工图设计指导大纲》。

2 术　　语

2.1 术　　语

2.1.1 普通干线公路　general trunk highway
普通公路中的国道、省道。

2.1.2 公路改扩建　highway reconstruction & extension
在现有公路的基础上,为提高技术等级、通行能力或改善技术指标而进行的公路建设工程,包括公路的改建、扩建等。

2.1.3 设计速度　design speed
确定公路设计指标并使其相互协调的设计基准速度。

2.1.4 运行速度　operating speed
中等技术水平的驾驶人员根据实际道路条件、交通条件、良好气候条件等能保持的安全速度。通常采用测定速度的第85%分位值行驶速度作为运行速度。

2.1.5 线形拟合　alignment fitting
利用实测线位数据,按照逼近既有公路现状的原则,进行路线平纵面设计。

2.1.6 拼接　splicing
将公路构造物或其构件的加宽新建部分与既有部分进行连接。

2.1.7 旧路检测　old road detection
采用现行行业标准规定的试验检测手段、方法对旧路性能进行检测,检测数据采用计算机系统进行处理。

2.2 符　　号

符号说明如下:
　　AC——沥青混凝土;

CGA——水泥稳定级配碎石；
CSG——水泥稳定砂砾；
LCC——贫混凝土；
USG——未筛分碎石；
ATB——密集配沥青稳定碎石；
CCS——水泥稳定碎石；
CS——水泥稳定石屑；
PCC——水泥混凝土；
NG——天然砂砾。

3 总体设计

3.1 一般规定

3.1.1 总体设计坚持"以人为本、绿色生态、资源节约、可持续发展"的思路,贯彻"安全、环保、舒适、和谐"的设计理念,根据项目在国省道路网中的功能定位、交通量和所经地区的地形、地质等建设条件,充分吸收公路建设成功经验,处理好公路与规划公路网、铁路、水运、航空等综合运输体系的关系,力求与周围环境相协调,做到技术标准合理、总体方案优。

3.1.2 总体设计应与地区特点、综合交通、区域路网、城镇建设、旅游景点及其他设施的现状及发展规划相协调,当项目或路段存在多重功能时,应兼顾多重功能对项目建设的需要,重点满足主要功能的需求。

3.1.3 总体设计贯彻"不破坏就是最大保护"的生态保护理念,处理好公路建设与生态环境保护的关系,路线设计与自然环境相协调,做到适应地形的自然性设计,注重生态环境的保护性设计,注重绿色防护的恢复性设计,着力破解公路设计"通病",消除因修建公路而造成的对自然景观的破坏,做到"合理设计,合理造价",提高工程效益和社会效益。

3.1.4 总体设计贯彻全寿命周期成本理念,应与项目服务水平相适应,路线、路基路面、桥涵、路线交叉、交通工程、环保绿化等各专业相互协调,合理控制项目总体规模。

3.1.5 公路改扩建时,应对改扩建方案和新建方案进行论证比选。设计应根据项目的特点,综合考虑城镇规划、地形地貌、交通量、实施难度、安全可靠、交通组织、工程造价等因素,合理确定方案。公路改扩建方案应符合下列规定:
1 结合专业特点进行既有道路调查、检测与评价。
2 明确利用旧路材料(旧砂砾垫层、基层、破碎混凝土、旧浆砌圬工片石等),灵活运用技术指标。
3 对既有公路进行运营阶段安全性评价,排查安全隐患路段,合理确定路线改造方案。
4 统筹考虑道路、桥梁构造物的改造。
5 充分利用既有道路资源和废旧材料。

6 做好施工期交通组织及安全保障设计。

3.1.6 普通干线公路用地范围的确定应符合下列规定：
1 普通干线公路用地应坚持节约优先、保护优先、自然恢复为主的方针，节约集约用地，切实保护耕地，合理确定公路用地规模和用地范围。
2 改扩建公路应尽量利用旧路的公路用地，选择合理的扩建方式，节省土地资源。
3 在滑坡、泥石流等不良地质地带设置防护、整治设施时，应根据实际需要确定用地范围。

3.2 技术标准

3.2.1 同一条干线公路，可根据功能定位、路网规划、预测交通量、地形地貌等因素分段选用不同的公路等级或不同的设计速度、路基宽度，相邻路段的设计速度差不应大于20km/h。不同公路等级、设计速度、路基宽度间衔接应协调，过渡应顺适，衔接点宜选择在地形地貌变化处、平面交叉或互通式立交的交通量变化处。一个设计标段的长度不宜小于10km。

3.2.2 设计速度应符合下列规定：
1 作为干线的一级公路，设计速度宜采用100km/h或80km/h。作为集散公路的一级公路或作为干线的一级公路因地形、地质、沿线用地开发情况、平交口布置情况、交通量组成等其他条件限制时，设计速度宜采用60km/h。
2 作为干线的二级公路，设计速度宜采用80km/h。作为集散公路的二级公路或承担主要交通通道功能的二级公路，设计速度宜采用60km/h；山区路段，因地形、地质等条件限制时，设计速度宜采用40km/h。

3.2.3 公路改扩建利用现有公路时，若局部路段因地形地物限制，提高设计速度将诱发工程地质灾害、新增重大拆迁、大幅增加工程造价或对保护环境、文物有较大影响时，可采用运行速度对该局部路段进行限速设计，但与前后路段的速度差不得大于20km/h。其长度不宜大于10km。

限速设计时应合理设置限速段、限速过渡段以及限速交通安全配套设施。其中限速区包含限速起点过渡段、限速段和限速终点过渡段。限速区最小长度推荐值如表3.2.3-1～表3.2.3-3所示。

表3.2.3-1 限速区最小长度推荐值（$v=100$km/h）

限制速度（km/h）	90	80
限速区最小长度（km）	2.0	1.8

表 3.2.3-2　限速区最小长度推荐值（$v=80\text{km/h}$）

限制速度(km/h)	70	60
限速区最小长度(km)	1.6	1.4

表 3.2.3-3　限速区最小长度推荐值（$v=60\text{km/h}$）

限制速度(km/h)	50	40
限速区最小长度(km)	1.2	1.0

3.3　设计要点

3.3.1　对项目走廊复杂多变的地质条件,应加强地质勘探,预测判断潜在的地质灾害,评价其危险性,充分利用路线走廊资源,灵活采用适应路段特点的技术指标,合理避让地质病害(灾害)。

3.3.2　对高墩桥梁、大跨度桥梁及特殊结构桥梁、隧道等路段,应结合地形、地质条件,研究其对路线方案的影响,并进行多方案综合比选论证,使路线与桥隧顺畅衔接。

3.3.3　对地形、地质复杂路段,宜进行不同的路幅布置综合比选论证。

3.3.4　对于公路高填深挖的路段,应进行高填路基与桥梁、深挖路堑与隧道方案的综合比选论证。

3.3.5　对于旧路改扩建工程,应在初步设计阶段拟定改扩建方案,必要时进行不同改扩建方案比选论证,尤其是特殊结构桥梁和特大、大桥路段,应做好整体式加宽、分幅加宽比选论证。

3.3.6　技术指标的应用上应均衡、协调、合理。在满足技术标准的基础上,从控制造价的角度出发,选择合理的指标。

3.3.7　设计阶段应根据风险点、风险源进行交通安全评价,采取设置安全设施、实施限速管制等综合措施,提升道路使用安全性能。

3.3.8　干线公路宜设置停车场、加油站、公共厕所、室外休息点等服务设施。

3.3.9　改扩建公路应做好交通组织设计,施工时保通路段的交通管理及安全生产应遵循有关规定,确保车辆和人员安全。

3.3.10　应注重公路与自然或人文景观的协调,加强公路绿化景观设计。

4 既有公路调查、检测与评价

4.1 一般规定

4.1.1 普通干线公路进行改扩建设计前,应对现状公路进行调查、检测及评价。相关检测评价工作应由交通运输行业专业机构、专业技术人员按照行业相关规范、标准以及本指南要求进行。

4.1.2 既有普通干线公路应根据不同的设计阶段,确定各个阶段调查与检测工作的主要内容、参数,调查与检测数据应满足不同设计阶段的使用需求。

4.1.3 采用一阶段施工图设计的既有普通干线公路,设计前调查及检测内容参照两阶段设计执行。

4.1.4 路面损坏状况检测,宜优先采用自动化的快速检测手段、方法。条件不具备时,可人工徒步调查检测。

4.1.5 既有普通干线公路各项指标的试验检测应按现行行业标准进行,试验与检测数据宜采用计算机系统进行处理。

4.1.6 对旧路利用路段,调查与检测时间间隔经过不利季节或时间超过六个月的,宜重新进行调查与检测,并与最近一次检测结果进行复核。

4.2 调查与检测

4.2.1 交通量及轴载谱调查
1 既有普通干线公路交通量调查可利用沿线交通量监测数据。对个别交通量监测数据不能够覆盖的区域路段,应进行补充调查。
2 根据既有普通干线公路线路走向,对项目沿线工业、厂矿等特殊路段进行交通量专项调查,还应根据车辆轴型特征,对各种代表车型进行轴重测量。
3 交通量调查应注意调查时段、区段选择,应能反映沿线各路段交通量特征。调查时间原则上应避开国家法定节假日。日交通量调查应按照相关交通量调查方法进行,应能够全面反映项目交通流量特征。

4 应按照沿线交叉口分布,分段进行交通量及轴载调查。根据结构类型,按照现行《公路水泥混凝土路面设计规范》(JTG D40)和《公路沥青路面设计规范》(JTG D50)进行交通量和交通荷载参数分析。根据交通量调查及轴载计算结果,分段进行路面结构设计。

4.2.2 前期阶段

1 调查内容、方法及频率

1)应了解项目的基本情况、建造及管养历史等情况。

2)公路修建和养护技术资料:路面结构和材料组成、施工及历史养护维修情况等技术资料。

3)环境条件:调查项目区域气候水文资料、地下水位以及路基和路面的排水状况等。

4)应调查沿线跨线桥、隧道净空要求及其他影响路面改建设计的因素。

5)路基和路面:前期阶段应对公路沿线进行实地踏勘,了解路基、路面使用现状,调查普通干线公路路基路面损坏情况及严重程度等。

6)桥涵构造物:

①应收集既有桥涵构造物养护加固技术资料、实地勘察水文地质情况等。

②应现场初步调查桥涵的结构形式、使用状况、墩台缺损及基础冲刷情况(水下基础部分)、缺损状况和适应性等。

③应根据既有技术资料及地质勘察资料,初步调查判定桩基基底承载能力。

7)交通安全设施:

应调查沿线交通安全设施损坏情况,调查各种交通标志(指示标志、警告标志、禁令标志、里程牌、轮廓标等)是否有残缺、颜色不鲜明、污染现象,可变信息板是否出现故障等。按照现行《公路技术状况评定标准》(JTG H20)进行评价。

8)管线及管道调查:

对设置有管线的路段,应调查收集项目沿线管线和管道资料,初步探明管线的走向、位置、埋深等信息。

9)应对项目沿线交通事故黑点进行调查。

2 检测内容、方法及频率

1)路基、路面

前期阶段应根据既有普通干线公路技术资料,实地测量路基路面横断面尺寸。对路基路面结构复杂、没有路面结构资料的,还应对旧路进行取芯,以判断路面结构类型。如表4.2.2所示。

表4.2.2 前期阶段路基、路面检测指标表

序号	检测指标	检测频率	检测方法
1	路基、路面、沿线构造物几何尺寸(m)	代表性横断面测量	钢卷尺

续表 4.2.2

序号	检测指标	检测频率	检测方法
2	破损调查	全线分幅调查	宜采用自动化检测设备，条件不具备的，可采用人工调查
3	结构层厚度(mm)	路基路段单向每公里2处；中小桥面铺装单向1处，大桥及特大桥单向2处	采取钻芯取样

注：按照现行《公路技术状况评定标准》(JTG H20)对路基路面技术状况进行评价。

2) 桥涵构造物

①对有怀疑的或者近3年未实施过水下桩基础检测的，应进行水下桩基检测，初步探明其使用状况，并调查河床基础冲刷情况。

②因两侧被填埋、封闭等原因导致桥梁下部空间无法进入调查，应建议采取相应措施疏通，满足检测条件后再进入调查。

4.2.3 初步设计阶段

1 调查内容、方法及频率

1) 应根据可行性研究阶段批复及审查意见，初步设计阶段普通干线公路调查及检测应具有针对性。根据设计需要适当增加路面各项性能调查及各层材料力学性能指标试验，为设计提供必要的设计参数。

2) 详细调查项目沿线情况，项目沿线桥涵构造物形式及病害特征，根据项目沿线病害情况划分重点检测路段。

3) 沿线路面发生结构型破坏，应分析产生破坏的成因。

4) 路基。

①在初步设计阶段，路基工作内容是进行路基损坏调查并对路基技术状况(SCI)进行评价。

②对由于路基沉降、路基损坏引起的路面结构病害应对路基进行专项记录，详细进行调查，并记录其位置、路基类型、位置、损坏长度、相应引起路面病害类型、路面病害面积、长度等。

③对既有路基改扩建设计的，还应收集既有普通干线公路地基及路基勘察设计、竣工图和养护等方面的资料。软土地区尚应收集既有公路的沉降监测资料。

5) 水泥混凝土路面。

既有水泥混凝土路面应调查既有路况破损状况指数及既有路面结构类型等，重点调查断板率和平均错台量两指标，具体按照相关设计和养护规范执行。初步设计阶段旧水泥路面调查项目一览表见表4.2.3-1。

表 4.2.3-1　初步设计阶段旧水泥路面调查项目一览表

序号	检测指标	检测频率	检测方法
1	路面损坏调查（断板率、错台量、破损状况指数）	分幅分车道逐板检测	有条件的宜采用自动化设备进行检测，低等级公路条件不具备的，可采用人工徒步检测
2	接缝错台	有明显错台的，进行量测	错台仪
3	路面结构类型	同检测指标频率	钻芯法判断（钻至基层）

6）沥青混凝土路面。

①沥青路面损坏状况指数。路面损坏状况检测宜采用自动化的快速检测手段、方法。路面损坏检测应包括各种路面损坏类型出现的位置、破坏形态、严重程度、损坏面积等。

②按照现行《公路沥青路面设计规范》(JTG D50) 7.3.3 要求进行"整体性处理方式"指标的调查及评价。整体性处理方式指标，如路面裂缝间距、纵向裂缝率、网裂面积率和修补面积率等，整体性处理指标需分段、分车道进行调查统计。

③采用钻芯、路面雷达、切割等方式，调查分析既有路面厚度及各结构层混合料类型、各层层间结合及病害程度情况，并取样进行室内试验，测定试件模量、强度等，分析路面材料组成与退化情况。旧路面取芯和试验过程中，应对芯样进行路面内部结构评价。路面内部结构状况评价应包括路面结构组合状况、结构内部损坏状况、结构层间黏结状况三部分，评价标准应符合表 4.2.3-2 的要求。

表 4.2.3-2　路面内部结构状况评价指标

评价内容	评价标准	指标类型
路面结构组合状况	个别结构层厚度不满足最小厚度要求	各结构层厚度、厚度均匀性；材料与厚度是否匹配；各功能层位是否完整
	各结构层厚度与材料类型不匹配	
	缺少功能性层位，如排水层、封层等	
结构内部损坏状况	病害仅在表面层发展，其下部结构完整	病害发展层位；结构层破坏严重程度
	病害发展至整个面层，基层结构完整	
	病害发展至整个路面结构层，整体结构基本已发生破坏	
结构层间黏结状况	各结构层之间黏结紧密，形成整体	各沥青面层之间黏结状况；面层与基层之间黏结状况
	层间结合部位出现部分材料松散，但仍能形成整体	
	各结构层完全脱离，层间结合部位材料松散	

注：芯样内部结构状况仅进行定性评价，主要用于诊断病害产生的原因，作为路面结构设计辅助依据。在实际评价过程中，应对芯样进行详细描述并记录。

④沥青路面调查及检测指标体系图，见图 4.2.3。

7）桥涵构造物。

初步设计阶段应在可行性研究调查基础上对桥涵构造物进行补充调查。

根据既有桥梁结构形式、建造历史等原因，上部结构存在不同结构形式时，应划分不同评定单元,分别对各评定单元进行技术状况等级评定,且桥梁最终评定应以最差评定单元为准,具体评定办法按照现行《公路桥梁技术状况评定标准》(JTG/T H21)执行。

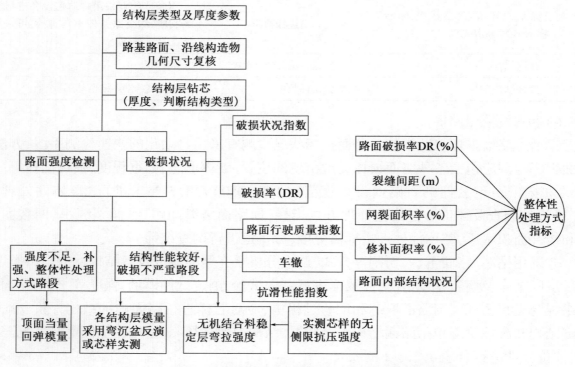

图4.2.3 初步设计阶段旧沥青混凝土路面调查及检测指标体系图

2 检测内容、方法及频率

1)路基。

①沿线发生结构性损坏的,宜对路基填料进行检测,取样调查路基土质类型、含水率和CBR值等指标,分析是否由路基原因引起的结构性损坏,并采取相应的技术措施。

②既有普通干线公路路基拓宽改建的,调查及检测项目按照现行《公路路基设计规范》(JTG D30)中"路基拓宽改建"执行。

③初步设计阶段路基检测指标见表4.2.3-3。

表4.2.3-3 初步设计阶段路基检测指标表

序号	检测指标	检测频率	检测方法
1	路基土的物理、力学性能指标	旧沥青路面和改扩建路基路床土进行检测,按2处/km	室内试验
2	回弹模量(MPa)	代表性路段开挖基层后进行检测,具体检测点数根据开挖长度、类型、现场实际工况等确定	承载板法
		5处/km	落锤式弯沉仪

注:①回弹模量主要用于修复路段的路面结构验算。
②对既有路基拓宽改建的,调查及检测按照现行《公路路基设计规范》(JTG D30)相应章节执行。

2)水泥混凝土路面。

①应根据旧水泥混凝土路面利用形式选择针对性指标进行检测:

a. 对于旧水泥混凝土路面补强后直接加铺的,补强面层质量控制按照现行《公路水泥混凝土路面施工技术细则》(JTG/T F30)执行。对补强后进行加铺的,可不进行补强层抗滑性能检测。

b. 旧水泥路面采用碎石化的再生利用,旧路检测项目指标按照现行《公路水泥混凝土路面再生利用技术细则》(JTG/T F31)进行。

c. 路面微裂均质化处治,旧路检测指标按照河南省地方标准现行《旧水泥混凝土路面微裂式破碎再生技术规程》(DB41/T 963)执行。

②旧水泥路面结构参数检测

旧水泥路面结构参数主要包括面层的厚度标准值、弯拉强度标准值和弯拉弹性模量标准值,以及基层顶面当量回弹模量标准值。旧混凝土路面结构参数按照现行《公路水泥混凝土路面设计规范》(JTG D40)中8.4要求选取。

③初步设计阶段旧水泥混凝土路面调查检测项目及频率见表4.2.3-4。

表4.2.3-4 初步设计阶段旧水泥路面一般检测项目及频率

序号	检测指标		检测频率	检测方法
1	接缝传荷能力		加铺沥青混凝土时应进行逐板检测	落锤式弯沉仪测试法
				梁式弯沉仪
2	路面行驶质量检测		既有路面破损不严重路段进行逐车道检测	平整度仪
3	抗滑性能检测			铺砂法(mm)
				横向力系数(SFC)
4	水泥混凝土板参数	弯拉强度(MPa)	每公里3~9个	钻芯法
		厚度(mm)		
	基层顶面当量回弹模量(MPa)		采用FWD检测时每公里不少于10处;条件受限时每公里不少于5处	优先采用落锤式弯沉仪进行检测,条件受限时可采用梁式弯沉测量

注:①水泥混凝土板参数及基层顶面当量回弹模量检测频率宜根据公路等级高、低确定,公路等级高的宜取高值,公路等级低的取低值。
②水泥板参数检测钻芯取样数量宜为3或3的整数倍,3个芯样为一组进行计算其弯拉强度。

a. 路面抗滑性能、行驶质量检测作为补充检测指标,主要对可行性研究阶段路面损坏状况评定为优良路段进行检测。

b. 旧水泥路面混凝土板采用直接利用的路面设计方案,因为板脱空影响加铺后路面使用质量,同时为避免重复性检测,对旧板脱空检测应在施工图阶段或路面加铺施工前,对利用水泥板进行逐板检测,并在施工阶段对脱空板进行处治,消除由于旧路脱空造成的质量隐患。

3)沥青混凝土路面。

①应根据旧沥青路面利用形式选择针对性指标进行检测:

a. 既有沥青混凝土路面因损坏严重、强度不符合要求,应进行路面补强。补强路段调查与检测项目按照现行《公路沥青路面养护技术规范》(JTJ 073.2)"补强"章节。

b. 既有沥青路面面层再生利用及面层铣刨基层柔性化处治,旧路检测指标按照现行

《公路沥青路面再生技术规范》(JTG F41)执行。

②宜根据既有沥青路面破损和结构承载力检测结果进行路面行驶质量状况、车辙状况、路面抗滑性能状况检测,对应的评价指标包括路面行驶质量指数(RQI)、路面车辙状况指数(RDI)及路面抗滑性能指数(SRI)。各检测指标及频率要求见表4.2.3-5。

表4.2.3-5　初步设计阶段沥青路面现场检测指标

序号	检测指标	检测频率	检测方法
1	厚度	根据现场实际情况进行划分,需满足基层、底基层进行力学指标试验需求	钻芯法
2	路面行驶质量	分车道连续检测	3m直尺、连续式平整度仪等
3	抗滑能力	分车道连续检测	摆式仪、铺砂法等
4	车辙	分车道连续检测	T 0973
5	路面强度	全幅连续性检测	贝克曼梁或落锤式弯沉仪

注:①沥青路面各结构层钻芯取样应根据项目建造历史、既有材料类型、病害损坏类型分段进行抽样检测。
　　②对沥青路面应在病害位置和临近无病害路段分别进行取芯,以判别病害程度及病害成因。钻芯现场量测各层厚度后,做好记录,并对芯样进行路面内部结构状况描述评价,然后带回实验室,对芯样加工后分别进行芯样的力学指标试验。
　　③路面行驶质量、抗滑能力仅对破损不严重且结构性能较好的路段进行;车辙是对直接加铺路段进行检测。
　　④采用直接加铺方案还是采用铣刨再加铺方案,既有路面可不进行抗滑能力检测。
　　⑤通过病害调查确定为整体处理性路段可不进行强度、行驶质量、抗滑、车辙指标检测。
　　⑥对无机结合料稳定土和无机结合料稳定公称最大粒径不大于26.5mm的粒料,试件不少于9个;对于无机结合料稳定公称粒径大于26.5mm的粒料,试件不少于15个。

③路面结构参数

a. 路面结构参数检测目前主要还是采用破损类检测方法,主要有钻芯、挖坑取样、切割等方式,运用较多的主要是钻芯法。有条件的地区宜尽量选择无损检测方法,如采用探地雷达进行路面厚度检测。

钻芯法主要是对路面结构进行钻芯,在室内进行材料相关指标试验。沥青路面结构参数技术检测指标见表4.2.3-6。

表4.2.3-6　沥青路面结构参数技术检测指标

序号	检测指标		检测频率	检测方法
1	沥青混凝土面层	回弹模量(MPa)	每公里不少于5点	采用FWD弯沉盘反演
2	基层、底基层	回弹模量(MPa)	1. 每公里不少于5点; 2. 芯样应分别进行回弹模量和无侧限抗压强度试验。检测频率见注②	采用FWD弯沉盘反演或室内芯样试验
		弯拉强度(MPa)		
3	基层顶面当量回弹模量(MPa)		分幅分段进行统计,每公里不少于5处	落锤式弯沉仪

注:①普通干线公路等级高的宜取高值,等级低的宜取低值。
　　②对无机结合料稳定土和无机结合料稳定公称最大粒径不大于26.5mm的粒料,试件不少于9个;对于无机结合料稳定公称粒径大于26.5mm的粒料,试件不少于15个。
　　③基层、底基层回弹模量及弯拉强度指标按照现行《公路沥青路面设计规范》(JTG D50)附录E确定。
　　④破损严重或补强路段,既有路面或铣刨后留用的路面结构层应进行基层顶面当量回弹模量检测,以提供设计指标。

b. 无机结合料稳定层弯拉强度,宜根据现场取芯实测的无侧限抗压强度按现行《公路沥青路面设计规范》(JTG D50)中式(7.4.3)计算。

4)桥涵构造物。

①应根据既有桥涵构造物养护技术资料,依据养护技术状况确定必要的检测指标。

②现行《公路桥涵养护规范》(JTG H11)中需进行特殊检查的情况,对桥涵构造物进行特殊检查。无法判定桥梁承载能力是否满足使用要求,可进行有针对性的补充检测(结构检算、承载力)。

③对桥梁构件进行回弹强度、钢筋保护层厚度等材质状况检测。

④对桥梁构件进行碳化深度、钢筋锈蚀、混凝土电阻率、混凝土中氯离子含量等耐久性检测。初步设计阶段桥梁实测项目及检测频率见表4.2.3-7。

表4.2.3-7　初步设计阶段桥梁构造物实测项目

序号	检测指标		检测频率	检测方法
1	缺损状况	外观调查	100%	目测,辅以尺量
2		桩基础水下摸探	100%	水下蛙人
3	材质状况	混凝土强度	每跨抽取上、下部结构各1个主要构件	超声—回弹法
4		钢筋分布	抽取30%桥跨,每跨抽取上、下部结构各1个主要构件	电磁感应法
5		钢筋保护层厚度	抽取30%桥跨,每跨抽取上、下部结构各1个主要构件	电磁感应法
6	耐久性	混凝土碳化	每跨抽取上、下部结构各1个主要构件	酚酞试剂法
7		钢筋锈蚀	抽取10%桥跨,每跨抽取上、下部结构各1个主要构件	半电池电位法
8		混凝土电阻率*	抽取10%桥跨,每跨抽取上、下部结构各1个主要构件	四电极法
9		混凝土中氯离子含量*	抽取10%桥跨,每跨抽取上、下部结构各1个主要构件	实验室化学分析法、滴定条法
10	变形变位	结构尺寸	不同结构形式各选择典型断面量测	尺量
11		桥梁线形	纵向3条线,横向单跨不少于5个截面	水准测量

注:①*项目为钢筋锈蚀标度评定为3、4、5时应检测。
　　②本指南中检测频率为最低要求,现场检测应根据桥梁实际情况应不少于此频率要求。

⑤涵洞技术状况评定按现行《公路桥涵养护规范》(JTG H11)相关要求执行。

5)交通安全设施。

①检查防护设施(防撞护栏、防落网、声屏障、中央分隔带活动护栏和防眩板等)是否达到相应技术标准、规范的相关要求。

防护设施进行利用的,应全数进行外观调查。不同形式混凝土护栏强度和尺寸每公里抽查不少于1处,对于变截面路段、损坏路段等特殊路段应适当增加抽查频率。

②项目沿线交通标志可进行利用的,应对利用交通标志进行指标检测,应满足相关标准要求。

6)管线及管道调查。

①对设置有排水管道的路段,应对管道进行评估。管道评估以管段为最小评估单位。对多个管段或区域管道进行检测时,应列出各评估等级管段数量占全部管段数量的比例。

②应根据现行《城镇公共排水管道检测与评估技术规程》(DB44/T 1025)的规定,评定管道缺陷及类别。

4.2.4 施工图设计阶段

1 施工图设计阶段,因在初步设计阶段已对既有公路进行了比较全面、完整的调查及检测,故施工图设计阶段不做强制性要求。宜根据初步设计批复,结合审查意见,同时结合设计需要,对调查及检测项目、指标和内容进行查漏补缺,宜能够充分分析既有公路病害成因,并利于设计需要。

2 初步设计阶段评定等级为中次路段,随着时间推移、交通量和外部环境影响较大,可能造成新的路面病害,降低该段评定等级,对此路面应注意在施工图阶段重点进行调查。

3 对于旧水泥混凝土板脱空,采用直接加铺路面结构的,应在施工图设计阶段或施工前对利用板进行逐板脱空专项调查,对脱空板采取相应的处治措施。

5 工程地质勘察

5.1 一般规定

5.1.1 普通干线公路工程地质勘察应与公路基本建设程序相适应,根据勘察设计阶段分别进行,提交的资料应满足各勘察设计阶段对工程地质工作的深度要求。

5.1.2 在勘察方法的选择和使用上,应注意其有效性和适用性,结合沿线的自然地理和地质条件,遵循点面结合、由浅入深的原则,综合运用工程地质调查与测绘、遥感、物探、钻探、简易勘探(包括螺纹钻、钎探、洛阳铲等)或挖探、原位测试(包括静力触探、动力触探、十字板试验、标准贯入试验等)、室内试验等方法和手段进行勘察,做深入细致的地质勘察工作,为设计、施工提供完整、准确的地质资料。

5.1.3 本章节主要针对一级公路的地质勘察,二级公路参照执行。

5.1.4 不良地质与特殊性岩土勘察按照现行《公路工程地质勘察规范》(JTG C20)执行。

5.2 预可行性研究阶段

5.2.1 本阶段的工作重点是对项目建设的必要性进行研究。工程地质工作主要应从宏观上对项目所在区域的工程地质环境进行研究,重点在大的路线走向上对项目建设和投资估算有重要影响的地质问题进行调查。

5.2.2 工作方法应以搜集和研究项目所在区域已有的各种地质资料(如区域地质、地震、水文地质和工程地质、地貌与第四纪地质等资料)为主,必要时辅以现场踏勘工作,提出预可阶段工程地质报告,编制工程地质略图,对项目建设的工程地质环境和存在的主要工程地质问题进行分析研究和阐述,从工程地质的角度对项目建设方案提出评价和建议。

5.3 工程可行性研究阶段

5.3.1 本阶段的主要工作是拟定路线走廊,工程地质工作应尽可能详细地收集区域构造地质、地层岩性、水文地质、工程地质、地震、环境地质等方面的资料,对项目不同建设方案所处区域的工程地质环境进行综合性的调查研究,初步查明拟定路线走廊带内的地形地貌、地质构造、地层岩性、水文地质和不良地质等与公路建设有关的各种地质条件的形成与分布规律,分析研究工程地质环境与不同建设方案之间相互影响、相互作用的规律,预测可能产生的不良地质作用,从工程地质的角度对项目建设的不同方案进行研究,提出工程地质意见和建议,为项目不同建设方案的比选,划定路线走廊带,估算工程建设的投资规模提供基础资料。

5.3.2 本阶段应进行必要的现场踏勘和重点路段的调查,反复对比,优选出工程地质条件最好、地质灾害最少、工程建设对地质环境的不利影响最小的路线走廊带,真正贯彻地质选线的原则。

5.3.3 勘察方法一般应以遥感、工程地质调查(1:200000～1:50000)为主,对沿线一些大型工程项目和控制路线方案的不良地质问题,应辅以必要的钻探和物探等工作。

5.4 初步设计阶段

5.4.1 本阶段的重点是方案设计。工程地质工作应对路线所处的工程地质环境做进一步的深入研究,从工程地质的角度对路线方案的优化和比选提出工程地质意见和建议,综合运用工程地质调查和测绘(1:5000～1:2000)、物探、钻探、简易勘探或挖探、原位测试和室内试验等手段和方法进行勘察,取得方案设计所需的基础资料。

5.4.2 本阶段突出重大地质病害对路线方案的制约,在工作量的投入上应适度,应以满足方案设计的要求为原则。地质勘察工作量主要布置在推荐线位上。对进行同等比较的线位,一般按推荐线工作量的一半布置,勘察重点为控制性工程;对进行定性比较的线位,采用以地质调查和测绘为主的方法,一般不布置钻孔。

5.4.3 工程地质调查和测绘
1 本阶段应首先进行该项工作。
2 有条件时该项工作宜分为两步进行:第一步,在设计部纸上定线初步完成后,主要对路线方案有显著影响的构造带和滑坡、崩塌等不良地质进行调查,为路线方案的选择和勘察方法的选用提供依据;第二步,在设计部明确路线方案的基础上对全线进行工程地质调查和测绘,对重要工点应加强调查和测绘的力度。
3 测绘范围一般为推荐线和比较线轴线左右各200m范围,对于不良地质和特殊性岩土可适当扩大范围。
4 调查内容主要为地形地貌、地层岩性、地质构造和不良地质现象。

5.4.4 物探

1 在工程地质调查和测绘的基础上,有针对性地布置物探工作。

2 一般物探工作主要在地质条件复杂的典型路堑高边坡(坡高≥20m的土质边坡或坡高≥30m的岩质边坡,下同)、隧道部位和存在不良地质现象地段进行。一般沿路线轴线布置1~2条纵向物探线,物探方法根据实际情况选用。

5.4.5 钻探、简易勘探或挖探

一般应根据工程地质调查和测绘、物探的结果,结合构造物类型进行布置,其位置一般宜布置在轴线上,尽量多使用简易钻探或挖探方法,控制性孔钻孔数量占钻孔总数的50%左右。岩土样品在控制性钻孔中采取,数量以规范低限为原则。

1 路基

路基工程主要包括一般路基、高路堤、陡坡路堤、支挡工程和路堑高边坡。其勘探点(包括钻孔、简易勘探或挖探点)一般应结合小桥、通道、涵洞布置,下述勘探点的数量已包括小桥、通道和涵洞勘探点。

1)一般路基:非软土路基勘探方法宜采用简易勘探或挖探,勘探点按2~3个/km布置,深度2~4m;软土路基勘探方法宜采用钻探,按1~2个钻孔/km布置,深度以穿过软土层2~4m为宜;深厚软土地基应布置静力触探孔和十字板试验3~4个/km,静力触探孔和十字板试验宜与钻孔结合,一般布在横断面上。山间洼地部位一般应布置钻孔。

2)高路堤:勘探方法宜采用简易勘探或挖探为主、局部结合钻探的方式。控制横断面按不少于1个钻孔/工点布置,每个控制横断面布1个钻孔和1个简易勘探或挖探点。简易勘探或挖探点深度2~4m,钻探点深度应大于路堤高度并穿过软土层2~4m。

3)陡坡路堤:勘探方法宜采用以简易勘探或挖探为主,局部结合钻探的方式。控制横断面按不少于1个钻孔/工点布置,每个控制横断面布1个钻孔和1个简易勘探或挖探点。

4)路堑高边坡:勘探方法宜采用钻探和简易勘探或挖探相结合的方式。控制横断面按100~200m的间距布置,每个控制横断面布1个钻孔和1个简易勘探或挖探点。

5)支挡工程:勘探方法宜采用钻探和简易勘探或挖探相结合的方式。控制横断面按不少于1个钻孔/工点布置。

2 小桥、通道和涵洞

小桥、通道和涵洞勘探方法宜采用钻探。一般按不少于1个钻孔/工点布置。深度宜至中风化岩1~3m,土层厚时,钻孔深度可控制在10~25m。

3 桥位

桥位勘探方法宜采用钻探。中桥一般在桥台布1个钻孔,深度至微风化岩1~3m,第四系覆盖层或基岩全风化、强风化层较厚时,深度一般控制在25~30m并不小于根据计算确定的桩尖以下3~5倍桩径;大桥一般结合桥跨组合,按150~200m布置1个钻孔(根据地质条件复杂程度取大值或小值,下同),特大桥一般结合桥跨组合,按200~300m布置1个钻孔,深度至微风化硬质岩石5~8m或微风化软质岩石8~12m,或控制在计算确定的桩尖以下3~5倍桩径。主桥墩应每墩布置1个钻孔。

4 隧道

隧道勘探方法宜采用钻探,一般在隧道两端洞口附近和洞身各布1个钻孔,长、特长隧道每500m应布1个钻孔,位置在隧道侧壁外5~8m,钻孔深度至洞底高程以下3~5m,遇不良地质加深钻孔。

5.5 施工图设计阶段

5.5.1 本阶段的工作是根据初步设计(或技术设计)的批复意见,对审定的设计方案和技术决定加以具体和深化。地质勘察工作应详查工点地质条件(桥位、隧道、路堑高边坡、高填路堤、陡坡路堤、支挡工程等),采用以钻探为主,结合工程地质调查和测绘、简易勘探或挖探、物探、原位测试和室内试验等综合勘察手段进行。查明场地岩土体组成、性质、分布以及风化层、不良地质、特殊性岩土等工程地质条件在路线纵横方向的变化。

5.5.2 工程地质勘察工作的重点是要取得地基基础设计、边坡防护工程设计、不良地质整治工程设计等所需的岩土物理力学参数,以满足工程地质评价和施工图设计工作的需要。

5.5.3 本阶段勘察工作布置人员应认真研究初勘地质成果,熟悉已有地质资料,充分利用初勘的地质资料。初勘钻孔利用原则:平原区桥梁钻孔在桩位30m以内的已有钻孔一般应利用;丘陵山地区在桩位20m以内的已有钻孔一般应利用;偏离轴线20m以内的隧道孔或50m以内的路基孔一般应利用。

5.5.4 工程地质调查和测绘
本阶段工程地质调查测绘工作在初勘的基础上加密进行。

5.5.5 物探
必要时对路堑高边坡、隧道洞口横断面上和不良地质的地段进行补充。

5.5.6 钻探、简易勘探或挖探

在充分利用初勘成果的基础上,结合构造物类型,本阶段勘探方法采用以钻探为主,辅以工程地质调绘、简易勘探或挖探、原位测试、取样试验等形式。小桥、通道、涵洞和路基钻孔均为控制性钻孔,桥位控制性钻孔数量占1/3~1/2。岩土样品在控制孔钻孔中采取,同一地质单元的主要岩土层样品数量应满足提供设计参数对岩土试验要求(一般不少于6件)。

1 路基
1)一般路基:非软土路基段勘探方法宜采用简易勘探或挖探。勘探点在初勘点之间

适当增加,深度 2~4m;软土路基段勘探方法采用钻探,一般在初勘孔之间增加 1~2 个钻孔/km,深度以钻穿软土层 2~4m 为宜,并适当增加静力触探和十字板试验。

2)高路堤:勘探方法宜采用钻探和简易勘探或挖探相结合的方式。控制横断面按不少于 1 个钻孔/工点布置。

3)陡坡路堤:勘探方法宜采用钻探和简易勘探或挖探相结合的方式。控制横断面按不少于 1 个钻孔/工点布置。

4)路堑高边坡:勘探方法宜采用以钻探为主并配合简易勘探或挖探的方式。控制横断面按 100~200m 间距布置,每 1 个控制横断面不少于 2 个钻孔,钻孔深度应至中风化岩,可控制在路面高程下 2~5m。

5)支挡工程:勘探方法宜采用钻探和简易勘探或挖探相结合的方式。控制横断面按 50~100m 的间距布置,每个控制横断面在设挡工程轴线上不少于 1 个钻孔,钻孔深度应至中风化岩 3~5m,土层厚时,可控制在 20~25m。

2 小桥、通道和涵洞

小桥和通道勘探方法宜采用钻探,涵洞勘探方法宜采用钻探和简易勘探或挖探相结合的方式。一般按每个工点不少于 1 个勘探点布置,孔深要求同初勘。

3 桥位

勘探方法宜采用钻探。中桥一般按隔墩 1 个钻孔布置,深度至微风化岩 1~3m,第四系覆盖层或基岩全风化、强风化层较厚时,深度一般控制在 30~35m,并不小于根据计算确定的桩尖以下 3~5 倍桩径。

地质条件简单时,钻孔隔墩 1 孔布置;地质条件复杂时,钻孔逐墩"之"字形布置 1 个钻孔;地形地质条件极复杂时,钻孔酌情加密。

主桥布孔按桩数的 1/3~1/2 布置,根据承台及桩位平面均匀布置,地质条件复杂时逐桩钻孔。

4 隧道

隧道勘探方法宜采用钻探,一般在隧道两端洞口及洞口以上 80m 范围内每 30~50m 各布置 1 个横断面,每 1 个横断面一般不少于 2 个钻孔,并在有不良地质、地质构造复杂等情况的地段适当增加钻孔。钻孔深度一般至洞底高程以下 3~5m。

6 公路横断面

6.1 一般规定

6.1.1 公路横断面设计应倡导路侧安全和运用宽容设计理念,必要时可适当加宽硬路肩,并做好中间带、加减速车道、路肩及交叉口渠化、左右转弯车道、交通岛等各组成部分的细节设计,清除影响行车视距的障碍物,提供足够宽度的无阻碍的路侧安全区。

6.1.2 非机动车、行人密集公路和城市出入口的干线公路,可根据需要设置侧分隔带、非机动车道和人行道。预测交通量超过四车道的一级公路宜选择绕城(镇)线,并预留控制城市道路用地,保证一级公路控制出入的功能水平。

6.1.3 一级公路整体式断面必须设置中央分隔带。作为干线的一级公路,中央分隔带宽度应根据公路项目中央分隔带功能确定;作为集散的一级公路,中央分隔带的宽度应根据中间隔离设施的宽度确定。城镇路段的一级公路,中央分隔带的宽度应综合项目功能及路容绿化的需要来确定,同步实施兼顾市政道路,保证一级公路功能,公路车道数不宜超过六车道,否则研究论证改线方案。

1 当中央分隔带为隔离功能时,宽度宜设置为2m。见图6.1.3-1。

2 当用地受限,中央分隔带为防撞功能时,中央分隔带宜设置为混凝土护栏,宽度为1m,见图6.1.3-2。

3 当干线公路处于城镇路段,中央分隔带为绿化功能时,中央分隔带宜根据城镇道路规划确定其宽度B,见图6.1.3-3。

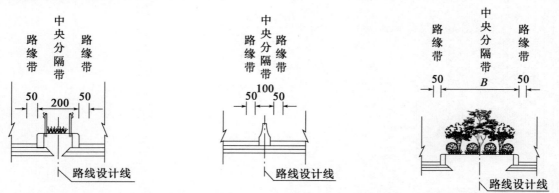

图6.1.3-1 2m宽中央分隔带设计图　　图6.1.3-2 1m宽中央分隔带设计图　　图6.1.3-3 规划城镇道路中央分隔带
（尺寸单位:cm）　　　　　　　　　（尺寸单位:cm）　　　　　　　　　设计图（尺寸单位:cm）

6.2 标准横断面设计

6.2.1 根据全省普通干线公路断面设置情况,整体式路基断面宜采用如下断面形式。

1 $v=100$km/h 的一级公路整体式路基标准断面。

1)双向八车道整体式路基宽度宜采用 $40.5(39.5/38.5+B)$m(括号内分别为中分带为 1m 宽及 B 宽的路基宽度,下同),如图 6.2.1-1 所示。

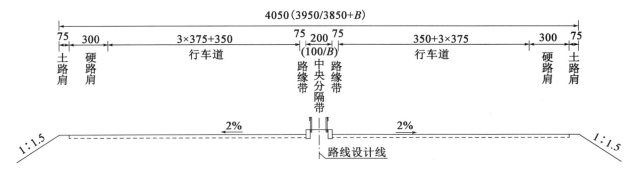

图 6.2.1-1 双向八车道一级公路标准横断面图($v=100$km/h,尺寸单位:cm)

2)双向六车道整体式路基宽度宜采用 $33.5(32.5/31.5+B)$m,如图 6.2.1-2 所示。

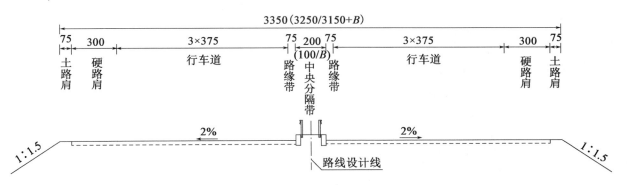

图 6.2.1-2 双向六车道一级公路标准横断面图($v=100$km/h,尺寸单位:cm)

3)双向四车道整体式路基宽度宜采用 $26(25/24+B)$m,如图 6.2.1-3 所示。

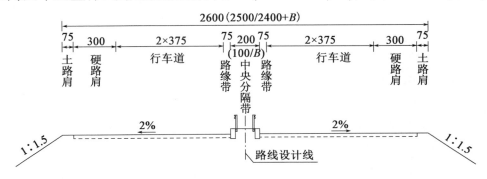

图 6.2.1-3 双向四车道一级公路标准横断面图($v=100$km/h,尺寸单位:cm)

2 $v=80$km/h 的一级公路整体式路基标准断面。

1)双向八车道整体式路基宽度宜采用 $40(39/38+B)$m(括号内分别为中分带为 1m 宽及 Bm 宽的路基宽度,下同),如图 6.2.1-4 所示。

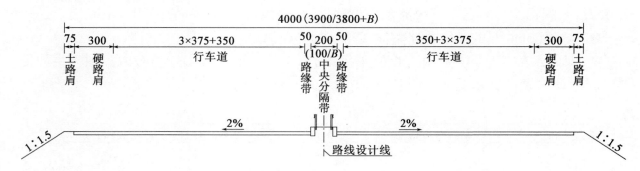

图 6.2.1-4 双向八车道一级公路标准横断面图($v=80$km/h,尺寸单位:cm)

2)双向六车道整体式路基宽度宜采用 $33(32/31+B)$m,如图 6.2.1-5 所示。

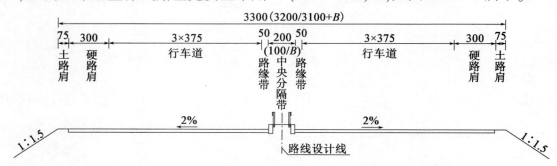

图 6.2.1-5 双向六车道一级公路标准横断面图($v=80$km/h,尺寸单位:cm)

3)双向四车道整体式路基宽度宜采用 $25.5(24.5/23.5+B)$m,如图 6.2.1-6 所示。

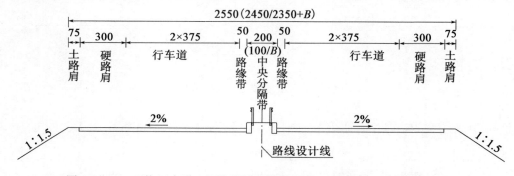

图 6.2.1-6 双向四车道一级公路标准横断面图($v=80$km/h,尺寸单位:cm)

3 $v=60$km/h 的一级公路整体式路基标准断面。

1)双向八车道整体式路基宽度宜采用 $35.5(34.5/33.5+B)$m,如图 6.2.1-7 所示。
2)双向六车道整体式路基宽度宜采用 $28.5(27.5/26.5+B)$m,如图 6.2.1-8 所示。
3)双向四车道整体式路基宽度宜采用 $21.5(20.5/19.5+B)$m,如图 6.2.1-9 所示。

4 $v=80$km/h 的二级公路整体式路基标准断面,条件允许情况下路基标准宽度宜采用 15m,如图 6.2.1-10 所示。

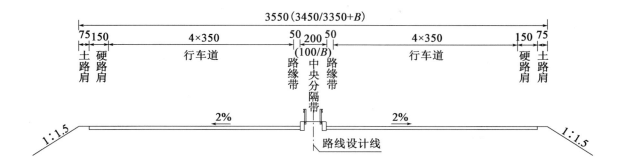

图 6.2.1-7 双向八车道一级公路标准横断面图（$v=60$km/h，尺寸单位：cm）

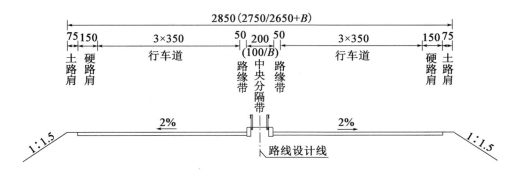

图 6.2.1-8 双向六车道一级公路标准横断面图（$v=60$km/h，尺寸单位：cm）

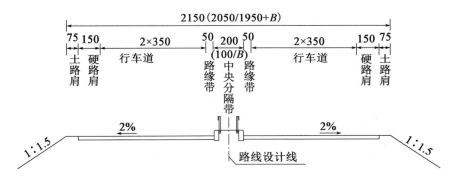

图 6.2.1-9 双向四车道一级公路标准横断面图（$v=60$km/h，尺寸单位：cm）

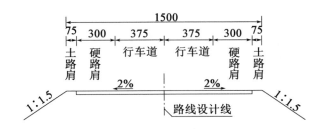

图 6.2.1-10 二级公路标准横断面图（$v=80$km/h，尺寸单位：cm）

5 $v=80$km/h 的二级公路整体式路基标准断面，一般情况下路基标准宽度宜采用 12m。$v=60$km/h 的二级公路整体式路基标准断面，条件允许情况下路基标准宽度宜采用 12m，如图 6.2.1-11 所示。

6　$v=60{\rm km/h}$、$40{\rm km/h}$ 的二级公路整体式路基标准断面，一般情况下路基标准宽度宜采用 10m，如图 6.2.1-12 所示。

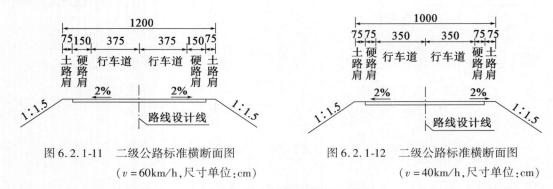

图 6.2.1-11　二级公路标准横断面图
（$v=60{\rm km/h}$，尺寸单位：cm）

图 6.2.1-12　二级公路标准横断面图
（$v=40{\rm km/h}$，尺寸单位：cm）

7　当具有集散功能的二级公路、慢行车辆较多时（图 6.2.1-13），可根据需要采用加宽硬路肩的方式设置慢车道，慢车道宽度应采用 3.5m，并应在车道与慢车道之间采用划线分隔，如图 6.2.1-13 所示。

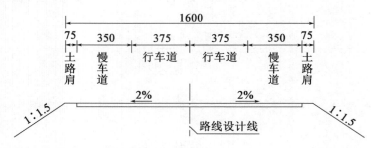

图 6.2.1-13　二级公路慢车道路段标准横断面图（尺寸单位：cm）

6.2.2　经过城镇化地区，公路断面应结合市政道路综合考虑，原则上按统一规划设计，根据资金筹措方案，按公路路基宽度及市政道路宽度分别公路及市政道路编制造价，分清工程和投资界面，有利于工程实施。公路断面的布置宜将硬路肩适当加宽，作为混合交通流行驶或作为未来交通量增长后的新增行车道，中央分隔带宽度可根据功能及景观需要进行适当调整。城镇化地区整体式标准断面布置如下。

1　$v=100{\rm km/h}$ 的城镇化地区一级公路整体式路基标准断面。

1）城镇化地区双向六车道整体式路基宽度宜采用 33.5（32.5/31.5 + B）m，如图 6.2.2-1 所示。

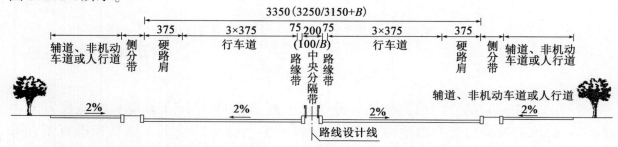

图 6.2.2-1　城镇化地区双向六车道一级公路标准横断面图（$v=100{\rm km/h}$、$80{\rm km/h}$，尺寸单位：cm）

2)城镇化地区双向四车道整体式路基宽度宜采用 26(25/24 + B)m,如图 6.2.2-2 所示。

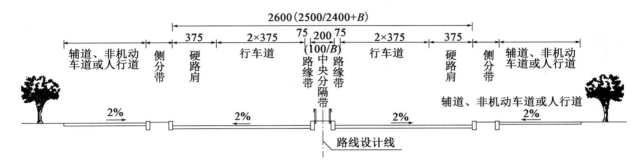

图 6.2.2-2　城镇化地区双向四车道一级公路标准横断面图(v = 100km/h、80km/h,尺寸单位:cm)

2　v = 80km/h 的城镇化地区一级公路整体式路基标准断面。

1)城镇化地区双向六车道整体式路基宽度宜采用 33(32/31 + B)m,如图 6.2.2-3 所示。

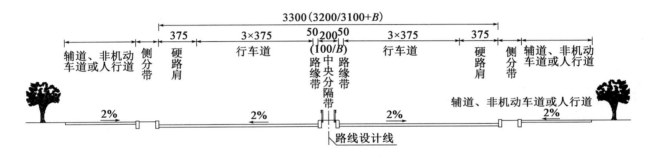

图 6.2.2-3　城镇化地区双向六车道一级公路标准横断面图(v = 100km/h、80km/h,尺寸单位:cm)

2)城镇化地区双向四车道整体式路基宽度宜采用 25.5(24.5/23.5 + B)m,如图 6.2.2-4 所示。

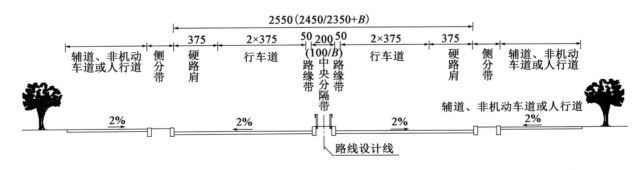

图 6.2.2-4　城镇化地区双向四车道一级公路标准横断面图(v = 100km/h、80km/h,尺寸单位:cm)

3　v = 60km/h 的城镇化地区一级公路整体式路基标准断面。

1)城镇化地区双向六车道整体式路基宽度宜采用 31.5(30.5/29.5 + B)m,如图 6.2.2-5 所示。

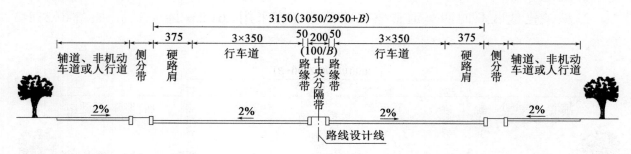

图 6.2.2-5 城镇化地区双向六车道一级公路标准横断面图（$v=60\text{km/h}$，尺寸单位：cm）

2）城镇化地区双向四车道整体式路基宽度宜采用 24.5（23.5/22.5＋B）m，如图 6.2.2-6 所示。

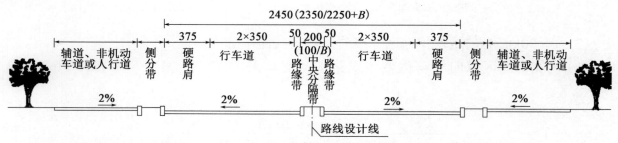

图 6.2.2-6 城镇化地区双向四车道一级公路标准横断面图（$v=60\text{km/h}$，尺寸单位：cm）

4 $v=80\text{km/h}$ 及 60km/h 的城镇化地区二级公路整体式路基标准断面，路基标准宽度宜采用 15m，如图 6.2.2-7 所示。

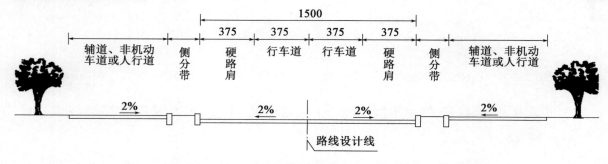

图 6.2.2-7 城镇化地区二级公路标准横断面图（$v=80\text{km/h}$，尺寸单位：cm）

5 $v=40\text{km/h}$ 的城镇化地区二级公路整体式路基标准断面，路基标准宽度宜采用 14m，外侧硬路肩采用 3.5m，如图 6.2.2-8 所示。

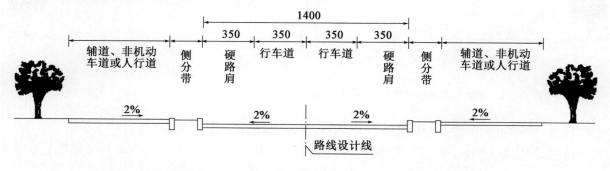

图 6.2.2-8 城镇化地区二级公路标准横断面图（$v=40\text{km/h}$，尺寸单位：cm）

6.3 设计要点

6.3.1 分段采用不同路基宽度的衔接点,宜选择在平面交叉或互通式立体交叉等交通量变化处。当条件受限、无合适的交叉过渡位置时,应选择视距开阔的路段设置渐变段。当有回旋线时应选择在回旋线范围内过渡,过渡长度与回旋线长度相等;当无回旋线时,渐变段渐变率不宜大于1∶20。

6.3.2 一级公路的一般路基路段或中、小型桥梁构造物路段,宜避免因采用不同的中央分隔带宽度引起公路线形和车辆行驶轨迹的变化。整体式路基或整体结构的桥梁,在采取不同的中央分隔带宽度前后,均应设置必要的过渡段,以保持行车轨迹的连续性,过渡段渐变率应不大于1∶100。

6.3.3 平曲线加宽一般设置在内侧;内侧加宽条件受限时,可采用外侧或两侧加宽的方式。

6.3.4 连续上坡路段,可利用取弃土场、低填方地段、挖余边角地段等适当加宽硬路肩宽度设置成爬坡车道,以提高通行能力。在长大纵坡路段下坡侧,可利用地形、路基开挖余角、路侧取弃土场等设置紧急停车带;条件允许时,可附带设置小型休息区等简易设施。

6.3.5 爬坡车道应紧靠行车道外侧设置,宽度采用3.50m(可利用硬路肩宽度)。爬坡车道外侧应设置路缘带和土路肩。当需保留硬路肩时,应设置在爬坡车道外侧。

6.3.6 连续长、陡下坡路段,应结合交通安全评价论证,在长、陡下坡地段右侧视距良好的适当位置设置避险车道,避险车道制动床宽度应不小于4.50m。

7 路　　线

7.1 一般规定

7.1.1　初步设计阶段路线方案应在踏勘或地质调绘基础上,进一步深入研究工可路线方案,进行大范围多方案的路线方案比选。

7.1.2　应充分研究项目所在区域的工程地质灾害评价,合理绕避不良地质构造破碎带、滑坡体、崩坡积体、岩溶区、采空区等重大地质灾害多发区。

7.1.3　应坚持地形选线、地质选线、安全选线、生态环保选线的原则,尽可能避开"五区一园"等环境敏感区域,避让地质灾害路段,选择有利于建设及营运安全、保护环境、少占耕地、节约投资的路线方案。

7.1.4　基于运行速度方法,对路线设计、几何指标和线形组合设计进行分析检验,通过检验运行速度的协调性和一致性,应对运行速度差大于20km/h路段的路线几何线形进行调整优化,对存在安全隐患的路段应优化设计或采取安全保障措施。

7.1.5　应综合考虑土地压占、矿产压覆、工程造价、经济带动作用、公路运营及管养、环境与社会成本、建设技术成熟度等因素对全线进行路线多方案比选,在满足公路运输功能的基础上,力求综合效益最佳。

7.1.6　在满足规范标准的前提下,应综合考虑特大桥、特长隧道等大型构造物的设置,并进行路线方案比选论证。

7.1.7　应注重越岭线路段的隧道与明挖展线的方案比较。在安全环保的前提下追求工程的经济性,降低工程造价。

7.1.8　过城镇路段应优先采用绕城线方案。当必须穿城时,应结合城镇规划选择加宽方案。

7.1.9　新建公路项目,在工程规模、造价相差不大的情况下,应采用较高的线形指标,保证行车的舒适性与安全性。因条件限制须采用极限指标时,应充分论证,并采取相应的安全保障措施。

7.1.10 应注意路线平纵面指标的均衡性,考虑公路行车的安全,把公路的安全设计放在首位。

7.1.11 山区路段路线设计应充分利用地形条件,顺地形布线,因地势展线,灵活选用多种复合曲线,使线技术指标满足规范要求,尽量减少高路堤、高挡土墙等圬工结构物设计。山区公路路线设计原则上应采用线元法进行设计。

线元法即根据山区地形的变化,采用直线、圆曲线、缓和曲线线元径向连接,灵活设置各种线元衔接及线元长度,使路线尽量适应地形的变化,与地形地貌相协调,减少填挖方高度,降低工程造价。设计线元(直线、曲线)最短长度应以3s设计速度行程控制为宜。

7.1.12 改扩建工程

1 改扩建项目应加强既有道路利用的路线方案比选论证,选线应贯彻保护耕地、节约用地的原则,应因地制宜,因地就势,利用地形展线,充分利用旧路,注重路线设计与沿线自然环境和景观的协调,保护自然生态环境和文物古迹。

2 应遵循利用与改造相结合的原则,不宜追求高指标,应尽量利用原有路基、路面砂石材料,边坡防护、"宽大深"沟片石材料,旧桥梁结构材料,最大限度充分利用,节约占地,降低工程造价。

3 应加强对既有道路平纵横线形的调查,做好平纵面线形的拟合;对拟合线形进行线形组合设计、视距检验评价,优化改善平纵线形和技术指标,必要时提出相应的技术改善和管理辅助措施。

4 利用既有道路局部路段条件受限制时,应进行综合分析和技术经济论证,对非强制性条文规定的技术指标可灵活运用。

5 改线路段应按新建公路标准执行。

6 拓宽改造时,线位选择应首先考虑旧路资源的利用,并根据既有道路状况以及沿线建筑、水文条件、重要控制点等情况,合理采用单侧加宽、双侧加宽、分离式路基等拓宽方式。

7 既有道路平面交叉改造条件受限时,经综合分析和技术经济论证,对于能适应项目功能和保障安全运行的路段,可利用既有道路平面交叉形式进行路线改建。

7.2 路线平面

7.2.1 直线长度不宜过长,以小于设计速度(以 km/h 计)的 20 倍为宜,受地形条件或其他特殊情况而采用长直线时,应采取相应的技术措施。

7.2.2 两同向圆曲线间最小直线长度(m)不宜小于设计速度(以 km/h 计)的 6 倍,反向圆曲线间最小直线长度(m)不宜小于设计速度(以 km/h 计)的 2 倍;对于地形条件受限的路段,同向圆曲线间的直线长度不宜小于设计速度(以 km/h 计)的 4 倍,否则应调整线形,使之成为一个单圆曲线或复曲线或运用回旋线组合成卵形曲线。

7.2.3 平面线形设计应注意指标连续均衡,相邻半径不宜相差过大,前后线形要协调。

7.2.4 设计速度≥60km/h 时,两反向圆曲线无超高时不得径向衔接,应设置不小于设计速度(以 km/h 计)的 2 倍的最小直线长度(m),或者利用回旋线将其组合成 S 形曲线。

7.2.5 较长直线的尽头不宜设置小半径曲线(≤规范中规定的一般最小半径值),曲线前的直线长度要求如表 7.2.5 所示。

表 7.2.5 曲线路段上允许车速与曲线前的允许直线长度

曲线路段上的安全车速(km/h)	曲线前直线段的长度(m)
40	300
50	300
60	450
70	600
80	800

7.2.6 回旋线参数 A 宜在 $R/3 \leqslant A \leqslant R$ 范围选定。

7.2.7 当公路转角大于 7°时,平曲线长度宜采用规范规定的一般值。困难路段应不小于 3 倍的回旋线长度且圆曲线最小长度应大于 3s 行程。

7.2.8 路线转角(偏角)一般情况下以不小于 7°为宜。

7.2.9 一般路段的最大超高宜采用 6%,城镇路段的最大超高值宜采用 4%,据此并且结合设计速度,确定不同半径圆曲线的超高值。土路肩不参与超高,如有设置侧分带及非机动车道,二者也不参与超高。

7.2.10 平面线形设计应尽量提供较长的视距,条件受限时须采取技术措施保证与设计速度相对应的停车视距。当受建筑物和构造物等影响,视距无法保证时,应结合"安保工程"采取措施。

7.2.11 双车道公路当采取强制性措施实行分向行驶的路段,其圆曲线半径较小时,内侧车道的加宽值应大于外侧车道的加宽值,设计时应通过计算确定其差值。

7.2.12 改扩建工程

1 改扩建项目,已有长直线不宜做平面改线。

2 改扩建项目为了尽量利用旧路资源,应充分利用旧路及地形,应用曲线拟合旧路,适应地形地势,灵活设置直线或曲线线元,尽量避免危及原高边坡,或侵入临崖临水河(深沟)道过多。可适当降低同向、反向曲线间直线长度要求或采用卵形或S形曲线进行拟合。

3 对于改扩建工程,可适当采用一般和极限最小半径,达到对既有道路线形的充分拟合。

4 改扩建项目,既有圆曲线可采用多圆复曲线(卵形或径向相连)进行拟合,但线元长度应满足规范要求。

5 对于拟合旧路平面线形,需根据实际情况拟定回旋线长度,在规范允许范围内即可,不宜追求过高指标。

6 改扩建项目或路面大修项目,为完全拟合旧路,经微调后回旋线长度仍不能满足最大超高过渡段的长度的,可将超高过渡段起(终)点伸入直线范围。

7 对于改扩建工程,为了保证对既有道路资源的利用,除安全隐患路段外,可不受小偏角限制,但曲线长度应满足规范要求。

7.3 路线纵面

7.3.1 纵断面设计应结合地形地貌、地质条件、桥涵、互通立交、土石方、洪水位、内涝水位及通航等要求,合理控制路线设计高程。

7.3.2 平原区公路纵面设计时,应进行不同纵面设计方案的比选,尽量采用低路堤方案,以节约土地和获得较佳的道路景观。路线通过城镇区、开发区、规划区时,必要时应作路堤与高架桥的比选。

7.3.3 考虑到广东地区暴雨集中,超高过渡段、长路堑路段以及其他横向排水不畅的路段,宜采用不小于0.5%的纵坡。

7.3.4 竖曲线设置应合理,视觉良好,同一曲线范围内纵坡变化不宜过多。设计速度≥60km/h时,竖曲线半径宜大于等于视觉要求的最小半径;设计速度<60km/h时,竖曲线半径应满足规范要求。

7.3.5 山区路段,纵断面设计应满足规范要求。若无法满足纵断面指标要求,公路平面应灵活适用地形,充分展线,根据实际情况选择回头弯、卵形、S形等其他复合型平曲线,使纵断面指标满足规范要求。

7.3.6 注重设置综合横坡,利于排水。最小合成坡度不宜小于0.5%,当合成坡度小于0.5%时,则应采取综合排水措施,保证路面排水畅通。在超高过渡的变化处,合成坡度应不小于0.5%。最大合成坡度应满足规范规定。

7.3.7 连续上(下)坡路段,应在各级坡最大坡长内设置坡度不大于3%、长度大于最小坡长的缓和坡段。

7.3.8 二级公路的越岭路线连续上坡(或下坡)路段,相对高差为200～500m时,平均纵坡不应大于5.5%;相对高差大于500m时,平均纵坡不应大于5%。任意连续3km路段的平均纵坡不应大于5.5%。一级公路的平均坡度及连续坡长应满足规范要求。

7.3.9 中、短隧道纵坡宜设置成单向坡,特长、长隧道宜采用人字坡。隧道内纵坡应小于3%且大于0.3%,短于100m的隧道不受此限制;特长隧道纵坡宜控制在2%以内;一级公路中、短隧道条件受限时,通过技术经济论证、交通安全评价后,最大纵坡可适当加大,但不宜大于4%。

7.3.10 凹形竖曲线最低点不应设在隧道段;不宜设在桥梁、挖方路段,否则应加强排水设计。

7.3.11 同向竖曲线特别是同向凹形竖曲线间,直线坡段长度不宜小于9s行程,否则应合并设置为单曲线或复曲线。反向竖曲线间的直线坡段长度不宜小于3s行程。

7.3.12 改扩建工程

1 改扩建项目纵断面设计应注重拟合,遵循"宁填勿挖"的原则,综合考虑路面加铺厚度、旧路及桥梁改造方案、路线交叉、旧路平纵横条件及其他重要控制点高程等因素。纵断面设计时应综合考虑利用原有旧路基防护、边沟排水沟等圬工片石、旧砂砾路槽、碎石垫层、旧路面等作为新防护、排水、基层等。

2 改扩建工程利用原有公路的路段,受地形条件限制或其他特殊情况限制时,经技术经济论证,最大纵坡可增大1%。

3 改扩建项目中,在前后纵坡相差不大且满足视距的前提下,经论证,纵面设计可采用3s设计速度行程的竖曲线长度来控制设计。

4 旧路拟合项目,竖曲线半径和竖曲线长度不宜追求过高指标,可适当选取最小值和极限值。对于设计速度较低($v<60km/h$)的公路,当施工困难时,竖曲线最小半径和最小长度可降低一档标准(设计速度降档10～20km/h)控制。

5 旧路拟合项目,排水不畅路段最小纵坡不宜小于0.3%,当采用小于0.3%的纵坡时,应对边沟进行纵向排水设计。若现状道路为平坡时,有条件时应设置调平层对旧路纵坡进行调整。

6 最小坡长应满足规范要求，旧路拟合时为尽量利用旧路，可适当降低规范中规定的最小坡长要求，但是应满足规范规定的最小坡长的60%。

7 对于改扩建工程中，纵断面设计指标有所降低的情况，应增加相应交通安全措施，提高行车安全性。

7.4 平、纵面线形的组合设计

7.4.1 平、纵线形设计应总体协调，在视觉上能自然地诱导驾驶员的视线，保持视觉的连续性。平、纵面线形的技术指标应均衡，合成坡度应组合得当。

7.4.2 平、纵面线形组合时，尽量做到平曲线和竖曲线的对应组合。一般应使平曲线包含竖曲线，且变坡点设置于圆曲线段为宜，避免竖曲线伸入直线、曲线的变化点。两反向平曲线拐点处、回旋曲线与圆曲线接点处、回旋曲线与直线接点处，均不应设置变坡点，要避免在同一视觉路段上纵坡反复凹凸而引起的线形错位现象。

7.4.3 长下坡路段、直线路段或者大半径圆曲线路段的末端不应接小半径圆曲线；长直线不宜与陡坡或半径小且长度短的竖曲线组合；陡坡避免与小半径平曲线组合。

7.4.4 设计速度大于或等于60km/h的干线公路，应注重路线平纵面线形组合设计。对于旧路拟合路段及设计速度等于40km/h的干线公路，可适当降低平曲线包含竖曲线的要求，可允许部分竖曲线深入直线段，或允许部分竖曲线深入曲线段。

8 路 基

8.1 一 般 规 定

8.1.1 路基设计应根据公路所在地区的地质、地形、地貌、水文、气象、地震等设计条件,配合农田水利建设综合设计,应避免深挖、高填,宜采用浅挖、低填、缓边坡的路基形式。

8.1.2 路基设计应遵循"安全、环保、舒适、和谐"的理念,把各类路基结构与整条公路有机统一在一起。路基断面形式应尽量适应地形,最大限度地减少路基工程对环境的影响。

8.1.3 初步设计阶段应对高填深挖、陡坡路堤、高挡墙、特殊路基等重点路基设计提出必要的方案比选论证;应注重路基设计与路线设计的协调性,结合桥梁、立交等线形综合设计。

8.1.4 公路排水应充分结合自然地形、天然及人工沟渠、桥涵位置等进行综合设计,做好路基路面排水与桥涵、隧道排水系统及各类排水设施的衔接处理设计。

8.1.5 改扩建工程应对原有路基高程进行复核,确保设计高度满足要求。应收集既有道路的设计、施工、竣工、养护、观测等资料,并开展必要的路基检测工作,评价路基技术参数,结合旧路排水状况,合理确定改扩建方案。

8.1.6 路基防护宜采用圬工防护与植物防护相结合的生态防护,坚持"适树、适地、适量"的绿化原则,最大限度地恢复自然生态环境。

8.2 一 般 路 基

8.2.1 一般填方、挖方路基
1 应加强原地面土质情况调查,并根据地形、地质条件合理确定原地面处理方案。地面处理应符合现行《公路路基设计规范》(JTG D30)中相关规定。
2 路基填料应根据各部位的强度要求灵活选用。考虑施工便利性,因地制宜、就近取材,可采用区域内常见且符合标准的填料。

3 根据填料种类、边坡高度和工程地质条件合理确定边坡坡率及边坡分级高度。一般填方路基边坡坡率见表8.2.1。

表8.2.1 一般填方路基边坡设计表

边坡高度(m)	填土(或填石)路基
$H \leqslant 8m$	边坡坡率1:1.5(填石路堤1:1.5～1:1.3)
$8m < H < 20m$	上部8～10m边坡坡率1:1.5; 在8～10m高度处设≥2.0m宽边坡平台,平台向外7.0%倾斜; 下部边坡坡率1:2.0～1:1.75

4 当弃方量较大时,可适当加宽填方边坡平台或放缓填方边坡,以减少弃方、增加路基稳定性及利于边坡植物防护。

5 路堑边坡形式及坡率应根据边坡的地层岩性、边坡高度、裂隙及地下水的发育情况综合确定。路堑边坡宜下陡上缓、逐渐过渡形成抛物线形,坡顶、坡脚采用贴切自然的圆弧过渡,减少人工开挖痕迹。

6 当土质路堑路床的土层最小强度CBR满足规范要求且含水率适度时,可采取翻挖后压实处理;当土层含水率较大或土层最小强度CBR不能满足要求时,则应采取换填砂砾石或碎石等材料进行处理。

8.2.2 路基填挖交界及过渡段

1 路基填挖交界过渡段应遵循下列原则:

1)纵向填挖交界处应设置过渡段,根据地面自然坡度情况设置不小于10m的填方区,并采用级配较好的砂砾土填筑。

2)挖方区为土质时,路床范围根据土质物理力学指标,采用翻碾或挖除换填。

3)为避免孔隙水或基岩裂隙水渗入填方区软化路堤,填挖交界处宜设置纵向或横向排水渗沟。

2 桥涵台背和挡土墙背处理应遵循下列原则:

1)桥涵台背和挡土墙背回填材料应根据就地取材原则,采用砂性土或透水性材料填筑,填筑压实度应不小于路床压实度要求。

2)桥涵台背和挡土墙背为软土地基时,路基工后沉降容许值不大于20cm。

8.2.3 陡坡路堤

1 对于地面线大于30°或有较厚覆盖层的陡坡地段应按工点设计。

2 陡坡路堤原地表必须按规范要求开挖台阶,开挖台阶宽度与高度的比例可根据实际地形和地质情况确定。

3 陡坡路堤除应保证路堤边坡自身稳定外,还必须检算路堤整体沿基底接触面滑动及路堤连同基底下软弱层或明显不利结构面滑动的稳定性,并根据计算结果采取加筋或支挡措施。

4 在陡坡段落前后存在废方时，宜结合有利地形对陡坡路堤段进行反压设计，以提高路基稳定性。

5 当开挖台阶后的坡面存在渗水情况时，应设置渗沟、截水渗沟或盲沟，将水排至路基之外。

8.2.4 高填方路堤

1 当填土高度大于20m时，高路堤设计应与挡墙方案、桥梁方案进行技术经济比较，并按工点进行设计。

2 应重视高路堤的地基勘察与设计，为了提高全断面高填路堤的强度、整体性，减少工后沉降量，设计应结合沿线开挖的土质情况进行填料设计。

3 为确保高填方路堤的压实度，每填筑4m高时，可根据具体施工条件采用强夯、冲击碾压、大吨位压路机等增强补压措施。

4 高填方路堤段应较一般路堤段提前施工，并进行沉降观测；路堤出现裂缝应及时封闭，必要时应采用补强措施。

8.2.5 深挖方路基

1 挖方边坡高度大于40m时，宜结合桥梁、隧道、半路半桥、半隧半路或纵向分离式路基等方案进行比选论证；边坡高度大于30m时，应结合生态环保、节约用地、施工与养护安全、工程造价等方面合理论证。

2 重视高边坡的地质调查与勘探工作，高边坡应布置地质钻孔，探明边坡地层岩性、风化程度，取得岩土层及软弱夹层的c、φ值等相关指标，调查岩质边坡的岩层产状、节理裂隙、构造裂隙的产状、密度、张开度、充填情况及地下水等基本资料，综合分析、判断边坡的破坏模式，评价边坡的稳定性，为边坡防治设计提供地质依据。

3 对全、强风化岩及土质高边坡的稳定性分析应采用圆弧形滑移的失稳模式；对弱、微风化岩应加强边坡岩体结构面特征调查，对存在外倾结构面的顺向坡应采用沿层面顺层单面滑移的失稳模式；对岩性破碎、节理裂隙的发育存在不利结构面组合的边坡应采用楔形滑移的失稳模式。

8.2.6 改扩建工程

1 改扩建工程应对既有路基的各种病害（路基沉陷、水毁、边坡崩塌、滑塌、排水防护设施损坏等）进行必要调查、检测、分析、评价工作，采取合理工程措施，保证改扩建公路路基的强度和稳定性。

2 应根据沿线地形地貌和地质特点、既有路基现状以及拓宽后的交通组成等，综合考虑既有路基利用与路面加铺补强方案，合理确定既有路基的利用方案，并符合下列要求：

1）既有路基强度满足改建的需要且无病害的路段，宜直接利用既有路基。

2）既有路基强度不足、无病害或病害轻微,经补强处治后路基能满足改建需要的路段,应对病害路段路基处理后予以利用。

3）既有路基病害严重,补强处理方案不可行的路段,应对既有路基进行挖除重建。

3 拓宽原有路堤时,应在原有路基坡面开挖台阶及铺设土工格栅,如图8.2.6-1所示。改造后路面高程提高时,除在旧路基边坡挖台阶、铺设土工格栅外,需在全幅路基顶面、水稳层顶面各铺设一道土工格栅,如图8.2.6-2所示。

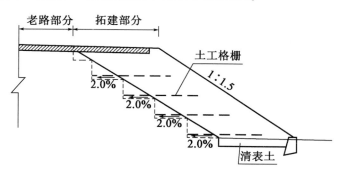

图8.2.6-1 新旧路基拼接示意图(1)

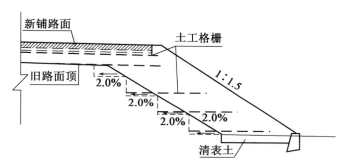

图8.2.6-2 新旧路基拼接示意图(2)

4 边坡挖台阶宽度不应小于1m,当加宽拼接宽度小于0.75m时,可采取超宽填筑或翻挖原有路基等工程措施。

5 对于高填方路堤拼接,除在上、下路床底部各设置一层双向土工格栅外,还应在路堤中设置若干层土工格栅或高强土工格室。路堤稳定性安全系数不应小于1.3。

6 新旧路基拼接时,对路床以下层位的路基拼接部位宜提高1~2个百分点压实度来提高强度和承载力,对压路机不能到达的地方宜采用小型压路机或夯实机压实。

7 路基拼接时应控制新旧路基之间的差异沉降,两点间的差异沉降率应控制在0.6%以内。改扩建路基宜采用先堆土、早预压的原则,减少工后沉降。

8 地基存在软弱土层时,应挖除软弱土层换填透水性良好的填料,按原高度填平夯实;软弱土层较深时,可采用打砂桩、木桩、石灰桩等处治。

8.2.7 路面改造工程

1 在全面调查旧路基技术状况的基础上,应根据旧路基病害类型,合理采用处置方案。原则上改造路段应少挖多填,并对旧路基病害处治后,再进行路面改造。

2 因填料和铺筑方法不当而引起的沉陷,应及时清除原有填料,按规定重新铺筑、压实,同时要做好清沟沥水,降低地下水位。

3 路基病害的处治必须从病害成因入手,遵循有的放矢的原则。路基病害的处治方法应遵循下列原则:

1)当路基存在软弱土层时,应将路基中软弱的土层换填成良好的路基填料。

2)因路基填料不满足填筑要求引起的路基病害,可在原有路基的基础上通过电、热、力学、化学等手段,改良路基填料,减少路基的沉降。

3)路基整体稳定性不满足要求时,可采用绳网、薄膜、板桩等约束路基土,或在土中掺入抗拉强度高的补强材料,以此形成复合路基。

8.3 特殊路基

8.3.1 设计原则

对特殊地质路基、较高的路堑边坡(土质路堑边坡高度大于20m、岩质路堑边坡大于30m)、位于斜坡及地基地质较差的路堤、疑似滑坡与崩塌的路段,应采用必要的地勘手段,评价边坡稳定性及其对线路的影响;进行"一坡一设计",并适时开展动态设计。

8.3.2 滑坡、不稳定斜坡

1 滑坡地段路基应根据滑坡类型、规模、变形特征、水文地质、与路基的关系等确定处治措施,采取清方减载或反压、设置抗滑挡土墙、抗滑桩等加固方案;同时,应加强截排水设计。

2 顺层边坡地段路基应根据倾角大小、地形条件、层间抗剪指标等情况对顺层清方与处治等方案进行比选确定。

8.3.3 软土路基

1 软土地基处理设计应包括处理方法比选、沉降计算、稳定验算及施工监控设计。

2 应综合考虑工期、造价、安全、环境影响、结构物设置情况等因素,拟定比选方案,合理推荐。

1)浅层软基(软基厚度一般≤3.0m):根据路基稳定,工后沉降要求,一般可采用垫层、挖除换填或纵、横向片石或砂砾、砂排水沟等浅层处理措施。

2)深层软基(软基厚度一般>3.0m):根据路基填土高度、软基厚度及软土的物理力学指标以及工期要求等,通过计算分析确定软基处治方案,一般可采用预压、反压护道、土工格栅或钢筋网垫层、碎石桩、砂桩等工程措施。

3)桥头路段软土地基宜采用复合地基处理方案,复合地基方案应结合技术经济进行比选确定。

4)资金受限、工期紧张时,可采用过渡路面,一次设计,分期施工;待路基沉降稳定后,再恢复原设计路面。

3 软土地基稳定验算可采用有效固结应力法、改进总强度法、简化 Bishop 法或 Janbu 法。一般路段路基工后沉降应不大于 50cm,桥台与路堤相邻处应不大于 20cm,涵洞和通道处应不大于 30cm。

4 软土地基监控设计应包括监控断面、监控项目、监控频率、监控时间和监控标准等。

5 改扩建路基的软土地基处理措施的选取和设计,应综合考虑软土层厚度和埋深、既有地基的固结度和剩余沉降情况、路基高度和拼接形式等因素,控制拓宽路基的沉降并尽量减小对既有路基的影响。

6 广东省常见软土路基处理方案及适用条件见表 8.3.3。

表 8.3.3 软土路基处理方案及适用条件

软土路基处理方案	适 用 条 件
换填垫层法	适用于所处层位较浅、厚度薄(一般≤3m)、容易挖掘的软土地基
抛石挤淤法	适用于常年积水的洼地,排水困难,淤泥呈流动状态,厚度较薄,表层无硬壳,片石能沉达底部的厚度小于 4m 的软土地基
爆破挤淤法	主要适用于地处海滩、河滩等开阔地带的地基处理,但应保证在爆炸后抛填体的重力作用下淤泥可以被挤出待处理地基范围,并且不会对环境造成污染和破坏
垫层加筋法	垫层内设置土工合成材料或钢筋网是常用提高地基承载力和路堤极限高的方法,既可单独应用,也可与其他处理方法组合使用。 在软土沼泽地区,地基湿软,地下水位较高情况下可采用垫隔,覆盖土工布(或土工格栅)加固地基。 钢筋网强度高、刚度大、施工方便,可在早期迅速发挥强度,适用于工期较为紧张的工程项目
排水固结法	排水固结法适用于处理较厚的淤泥、淤泥质土和冲填土等饱和性黏土地基,但要求施工工期较长,能够保证有足够的预压时间
复合地基法	在软土较厚、工期要求较紧的情况下,应采用复合地基法对软土地基进行加固处理。广东省公路软土地基处理一般采用的复合地基有散体粒料桩(如砂桩、碎石桩)、水泥搅拌桩(如浆喷桩、粉喷桩)等,一般优先用于桥头路段的软土地基处理。 散体粒料桩在广东省软土中的处理深度一般为 4~25m,软土的不排水抗剪强度不宜小于 15kPa,否则应慎重采用。 水泥搅拌桩适用于淤泥质土及含水率 30%~75% 的软土,加固深度一般在 15m 以内;如软土有机质含量较高,应慎重采用

8.4 路 基 防 护

8.4.1 设计原则

1 路基防护应根据公路功能,结合当地气候、水文、地质等情况,采取相应防护措施,保证路基稳定。

2 路基防护可采取工程防护与植物防护相结合的防护措施,并与景观相协调。

3 深挖、高填路基边坡路段,必须查明工程地质情况,针对其工程特性进行路基防护设计。

4 沿河路段须查明河流特性及其演变规律,采取防止冲刷路基的防护措施。

5 凡侵占、改移河道的地段,须做出专门防护设计。

8.4.2 挡土墙

1 挡土墙设计时,应对拟加固的边坡和地基进行工程地质勘察,查明其工程地质、水文地质条件及其潜在腐蚀性,不良地质和特殊岩土的分布情况,以及支挡结构地基的承载力,合理选择挡土墙类型及岩土体的物理力学参数。

2 挡土墙主要用于路堤、路堑、隧道洞口、桥梁两端及河岸壁等支护工程,常用挡土墙结构类型见表8.4.2。

表8.4.2 常用挡土墙结构类型、特点及适用条件

类型		特点	结构示意图	适用条件
重力式挡土墙	仰斜式	(1)依靠墙身自重抵御土压力,仰斜墙背土压力较小; (2)形式简单、取材容易、施工简便。 (3)仰斜墙背可与开挖的临时边坡相结合,减少开挖		适用于墙前原有地形较为平坦的路肩、路堤和路堑等支挡工程,用于河岸防护时应采用片石混凝土结构,墙高不宜超过12m
	俯斜式	(1)依靠墙身自重抵御土压力,俯斜墙背土压力较大; (2)形式简单、取材容易、施工简便; (3)墙背填土易于压实		适用于墙前原有地形陡峻的路肩、路堤支挡工程,墙高不宜超过5m
衡重式挡土墙		(1)利用衡重台上部填土的下压作用和全墙中心的后移,增加墙身稳定性,节约断面尺寸; (2)墙面陡直,下墙背仰斜,可降低墙高,减少基础开挖		适用于地面横坡陡峻的路肩墙;也可用于路堑墙(由于衡重台以上有较大的容纳空间,上墙加缓冲墙后,可作为拦截崩塌落石之用,兼有拦挡坠石作用),墙高不宜超过12m。衡重式路肩墙不宜用于旧路改扩建工程

续表8.4.2

类 型	特 点	结构示意图	适用条件
锚杆(索)挡墙	（1）由钢筋混凝土墙面（整体板壁或肋柱及挡板）和锚杆(索)组成，依靠锚固在岩层(或土层)内的锚杆(索)的水平拉力承受土压力，维持全墙平衡； （2）属轻型结构，材料节省； （3）基底受力甚小，基础要求不高		宜用于墙高较大的岩质路堑地段，可用作抗滑挡土墙，可采用肋柱式或板壁式单级墙或多级墙，每级墙高不宜大于8m，多级墙的上、下级墙体之间应设置宽度不小于2m的平台
桩板式挡土墙	（1）由桩、锚栓及墙面板三部分组成，它的稳定一是靠桩底端有一定入土深度后的被动土压力；二是靠桩顶附近使桩保持垂直的锚栓。 （2）可机械化施工，施工速度快		用于表土及强风化层较薄的均质岩石地基，挡土墙高度可较大，也可用于地震区的路堑或路堤支挡或滑坡等特殊地段的治理

3 挡土墙高度的控制及适用条件原则上按照《公路路基设计规范》(JTG D30)相关规定执行。

8.4.3 冲刷防护

1 沿河路基受水流冲刷时，应根据河流特性、水流性质、河道地貌、地质等因素，结合路基位置，选用适宜的防护工程类型或采取导流或改移河道等措施。

2 冲刷防护设计应遵循下列原则：

1）在宽阔的河滩、凸岸、台地边缘及流速不大、流向与河岸接近平行等水流冲刷作用较弱的地段或山区河谷狭窄，以下蚀为主的V形河谷地段，应优先考虑设置直接防护。

2）在河床宽阔、冲刷和淤积大致平衡、水流方向易于改变并且有设置导流建筑位置的河段，可采用间接防护。设计时应根据河道的地形地质条件和演变规律，规划好导治线，防止对上下游和对岸的建筑物和农田的冲刷加剧。

3）改移河道应根据水流特性及河道演变规律，顺应河势，慎重对待。在防护地段很长、河道水流性质变化较大的地段，可采用不同的防护类型，合理布设，但应注意衔接平顺。在可能发生风浪的宽深河流上，还应对波浪的冲击破坏作用进行校核。

3 冲刷防护工程的选用应按照《公路路基设计规范》(JTG D30)中相关规定执行。

8.4.4 旧路边坡治理

1 对于发生碎落和崩塌的边坡，应整修边坡，及时清理可能滑坍的土方，做好防护设计。

2 对边坡滑塌治理应考虑边坡滑塌类型成因、边坡滑塌形态、工程地质和水文地质条件、边坡滑塌稳定性和施工影响等因素,分析边坡滑塌的有利和不利因素、发展趋势和危害性,并采取措施进行综合治理。

3 雨水冲刷后应及时修补边坡,冲刷严重时,应挖台阶分层填筑压实,确保边坡整体稳定性和密实性;边坡冲刷应考虑增设急流槽和拦水埂;坡面防护应优先考虑植物防护。

4 坡面排水可采用截水沟、急流槽及跌水等相结合的方式排出坡面水。坡体排水主要采取仰斜式排水孔。排水孔孔位、孔数、孔深、排水管布置的具体排数应根据施工揭示实际地质水文情况及坡体渗水量大小来确定。

8.5 路基路面排水

8.5.1 树立安全、绿色、生态、环保的公路排水设计理念,应认真执行《公路排水设计规范》(JTG/T D33—2012)、《广东省公路工程绿色生态排水系统设计指南》(粤交基〔2017〕661),做好绿色生态公路排水系统设计。突出了公路排水的科学性、先进性、实用性,突出了节约集约利用土地资源;注重公路排水与路域自然环境的协调,提高了公路排水技术水平。

8.5.2 基本原则

1 绿色生态公路排水设计应满足公路排水需要,恢复自然、适应自然,与路域环境相协调。应推广应用绿色生态排水(管)新型材料。

2 应用应结合水文气候、地形地貌、地质等工程特点因地制宜,采用浅碟形、倒三角形等浅型沟断面。大大消除事故车辆二次安全隐患,破解公路排水生搬硬套、设计保守的突出问题。

3 公路工程排水应结合自然条件进行排水总体设计,形成完整的路基路面排水体系,并同当地的自然水系、水利设施等衔接,综合规划、合理布局。

8.5.3 降雨量小,中央分隔带宽度小于3m时,中央分隔带宜采用表面铺面封闭分散排水。宽度大于3m的中央分隔带且未采用铺面封闭时,宜在分隔带内设置渗沟和管汇集渗入水,并隔一定间距设置横向排水管将渗沟内的水排出路界。

8.5.4 车道数超过四车道的超高路段,外侧路面水应结合中央分隔带处的排水系统进行联合设计。宜在超高段内侧中央分隔带外侧边缘设置排水管沟,汇集超高段外侧路表水,并每隔一定距离设置集水井和横向排水管将路面水排除。

8.5.5 截水沟、天沟宜布设在路堑坡顶5m以外,可采用浅型断面。截水沟应结合地形及地质条件沿等高线合理布置,避免在不恰当位置设置截水沟。当截水沟或急流槽对行车产生视觉冲突或影响路域环境景观时,应利用地势条件或种植灌木等手段进行遮蔽处理。

8.5.6 改扩建工程排水

1 设计原则

1)按照《广东省公路工程绿色生态排水系统设计指南》(粤交基〔2017〕661)要求,重新进行改造设计。原有边沟、排水沟、截水沟、急流槽等"宽大深"的排水设施不应简单覆盖填筑,应根据水文水力核算情况拆除利用改造。未被覆盖的排水设施,应加以维修,保证排水顺畅。

2)改扩建工程受条件限制采用平坡时,应在路肩带和超高段中央分隔带边缘设置相关集水设施,并进行独立纵坡设计。城镇路段受用地条件限制时,改扩建工程宜设置暗埋雨水管道系统。

2 改扩建工程中央分隔带排水

1)改扩建工程应实地调查既有道路中央分隔带排水现状,应充分利用既有集水井及横向排水管等排水设施,疏通并加长,确保路基稳定和路面安全。

2)新增中央分隔带时,应按新建道路合理设置中央分隔带排水设施。

3)既有道路中央分隔带进行改造时,改扩建工程中央分隔带改造方案主要采用封水和排水两种形式。封水方案宜使用水泥混凝土预制块铺砌,间隔一定距离表面预留植树孔。排水方案宜使用碎石盲(暗)沟、防渗土工布、反滤土工布及横向排水管组成的排水系统。

8.5.7 路面改造工程排水

1 对路基存在的各种水损害(坑洞、唧泥、积水等)进行调查,进一步分析产生水损害的原因,针对性采取排水防水措施后应对水损害路基进行换填、补强,保证路面改造工程路基稳定。

2 对已破损的排水沟、截水沟等排水设施应加以维修,堵塞的应加以疏通,且应根据路面高程的增加,进行加高。危险路段边沟、排水沟应补加盖板。

3 易积水路段排水设计应符合下列要求:

1)路面不平整、路基沉陷造成的易积水路段,应对不平整、路基沉陷路段进行防排水专项设计。

2)超高外侧起终点横坡、纵坡较小造成的易积水路段,路面改造工程应调整纵坡,零横坡路段与小纵坡路段错开设置,零横坡对应较大纵坡。必要时增设横向排水管及集水井。

4 超高段路面排水改造一般有中央分隔带开口明排和横向暗管排水两种类型。横向暗管排水由纵向排水管、检查井、横向排水管和急流槽组成综合排水系统。观赏性要求低的挖方路段或低填路段宜采用中央分隔带开口明排,如图8.5.7所示。观赏性要求高的填方路段宜采用横向暗管排水。

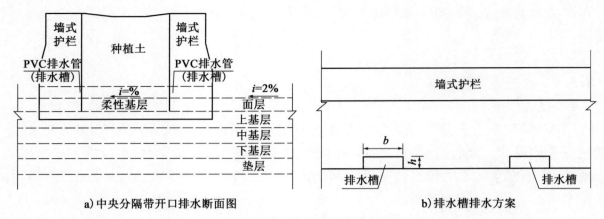

a) 中央分隔带开口排水断面图　　　　b) 排水槽排水方案

图8.5.7　中央分隔带开口明排示意图

5　由于路面接缝、裂缝渗水或路肩积水造成路面水毁时,路面改造工程应设置完善的路面内部排水系统,将滞留在路面结构内部的自由水排至路基以外。

6　路基范围内地下水位较高时,路面改造工程应根据水文地质条件及路基大修方案,合理增设暗沟、渗沟、渗井、排水功能层等地下排水设施。

9 路　　面

9.1　一　般　规　定

9.1.1　干线公路应合理确定路面结构类型,重视路面结构的基层、底基层的设计寿命,避免路面结构性破坏,切实贯彻"节约资源、保护环境、可持续发展、全寿命周期成本"的理念。

9.1.2　路面改造应遵循"充分利用、注重实效"的原则,根据路面结构承载能力、病害情况、设计交通荷载等级等因素,综合论证旧路面材料再生循环利用方案及施工方案,确定路面改造方案,推广应用沥青混凝土路面(含基层)、水泥混凝土路面(含基层)再生利用技术。

9.1.3　改(扩)建路面设计时,应采用动态设计理念,在原有路面状况调查、评估基础上,分析路面损坏原因,分段拟定路面改(扩)建工程设计方案。

9.1.4　对软土地区或高填方路基等可能产生较大沉降路段,可采用"一次设计,分期修建"的路面设计与实施原则。

9.1.5　挖除旧路面前,应按设计要求修复或增设排水设施,挖除后应及时做好基层防排水工作。

9.2　新建路面结构

9.2.1　路面典型结构

1　路面结构应根据公路等级和所承受的交通荷载等级确定。交通荷载等级依据《公路沥青路面设计规范》(JTG D50)和《公路水泥混凝土路面设计规范》(JTG D40)确定。

2　地下水位高、排水不良的路段,有裂隙水、泉眼等水文条件不良岩石挖方路段,基层、底基层为非粒料类材料时,基底宜设置厚度不小于15cm的垫层。

3　普通干线公路宜采用半刚性基层沥青路面;刚性基层沥青路面和柔性基层沥青路面可根据实际情况选用。

4 普通干线公路一、二级公路沥青路面推荐典型结构见表9.2.1-1、表9.2.1-2,水泥路面推荐典型结构见表9.2.1-3、表9.2.1-4。

表 9.2.1-1 一级公路沥青路面推荐典型结构

路基强度(MPa)	极重	特重	重
50~60	—	—	13~16cm AC 18~20cm CCS 29~36cm CCS 12~15cm USG
60~70	—	15~18cm AC 34~40cm CGA 21~27cm CCS 12~15cm USG	9cm AC 25~26cm LCC 18~20cm CCS 15~18cm USG	13~16cm AC 18~20cm CCS 28~35cm CCS 12~15cm USG
>70	15~18cm AC 32~36cm CGA 32~36cm CCS 12~15cm USG/GA	9cm AC 25~26cm PCC 32~36cm CCS 15~18cm USG/GA	15~18cm AC 34~40cm CGA 19~26cm CCS 12~15cm USG	9cm AC 24~26cm LCC 18~20cm CS 15~18cm USG	13~16cm AC 18~20cm CCS 27~34cm CCS 12~15cm USG

表 9.2.1-2 二级公路沥青路面推荐典型结构

路基强度(MPa)	极重	特重	重	中等
40~50	—	—	—	9~12cm AC 37~39cm CCS/CSG 18~20cm CS 12~14cm USG

续表 9.2.1-2

路基强度（MPa）	极重	特重	重	中等
50~60	—	—	12~14cm AC 30~33cm CCS 18~20cm CCS 12~15cm US	9~12cm AC 18~20cm CCS/CSG 36~38cm CS 12~14cm USG
60~70	—	12~15cm AC 20~30cm CCS 32~36cm CCS 12~15cm USG	12~14cm AC 29~32cm CCS 18~20cm CCS 12~15cm USG	9~12cm AC 18~20cm CCS/CSG 35~37cm CS 12~14cm USG
>70	16~18cm AC 26~30cm CCS 30~35cm CCS 12~15cm USG/GA	12~15cm AC 20~0cm CCS 30~35cm CCS 12~15cm USG	12~14cm AC 18~20cm CCS 28~31cm CCS 12~15cm USG	9~12cm AC 18~20cm CCS/CSG 34~37cm CS 12~14cm USG

表 9.2.1-3　一级公路水泥路面推荐典型结构

路基强度（MPa）	极重	特重	重	
60~80	—	—	22~24cm PCC 18~20cm LCC 16~18cm CCS 15cm USG	23~26cm PCC 18~20cm CGA/CCS 16~18cm CCS 15cm USG

续表9.2.1-3

路基强度(MPa)	极重	特重	重
>80	26~31cm PCC / 2.5~4cm AC / 18~20cm CGA / 18~20cm CCS / 20cm USG/GA	26~30cm PCC / 18~20cm CGA / 18~20cm CS / 15~20cm USG/GA	22~25cm PCC / 18~20cm CGA/CCS / 16~18cm CCS / 15cm USG
	28~32cm PCC / 18~20cm CGA / 18~20cm CCS / 20cm USG/GA	26~29cm PCC / 2.5~4cm AC / 18~20cm CGA / 18~20cm CCS / 15~20cm USG/GA	22~24cm PCC / 18~20cm LCC / 16~18cm CCS / 15cm USG
	26~31cm PCC / 18~20cm LCC / 18~20cm CCS / 20cm SG/GA	26~30cm PCC / 18~20cm LCC / 16~18cm CCS / 15~20cm USG/GA	24~26cm PCC / 18~20cm LCC / 18~20cm CCS

表9.2.1-4 二级公路水泥路面推荐典型结构

路基强度(MPa)	极重	特重	重	中等
60~80	—	—	22~24cm PCC / 18~20cm CCS/CSG / 18~20cm CCS/CS / 15cm USG	23~25cm PCC / 18~20cm CCS/CSG / 15cm USG/NG
>80	25~30cm PCC / 18~20cm CCS/CGA / 18~20cm CCS/CS / 15cm USG/GA	24~29cm PCC / 18~20cm CS/CGA / 18~20cm CCS/CS / 15cm USG	22~24cm PCC / 18~20cm CCS/CSG / 18~20cm CCS/CS / 15cm USG	23~25cm PCC / 18~20cm CCS/CSG / 15cm USG/NG
	25~29cm PCC / 18~20cm LCC / 16~18cm CCS / 15cm USG/GA	24~28cm PCC / 18~20cm LCC / 16~18cm CCS / 15cm USG		

9.2.2 平交路口

1 与生产、生活等道路相交时,主线的行车视距应满足要求,且在公路用地范围内的被交道路应铺装简易路面,纵坡一般不大于3%,并设置减速、停让标志等安全设施。

2 红绿灯交叉口处路面结构设计,在路口100m范围内宜采用刚性基层,面层可采用水泥混凝土路面或抗车辙性能较好的沥青路面。

9.2.3 长大纵坡

1 长大纵坡层间剪应力较大,宜增加抗滑设计和层间黏结设计。

2 对于长大纵坡上坡路段的沥青面层,应适当调粗级配,适当降低油石比0.1~0.2个百分点,设计孔隙率取高值。

9.3 改扩建及路面改造

9.3.1 旧路面处治方法

1 旧沥青路面处治

1)路面结构强度 SSI≥0.8,路表弯沉≤0.3mm 且路面破损率≤10%时,对面层表面病害进行处治,局部强度不足的路段,可采用非开挖式地聚合物或其他满足技术要求的注浆材料进行注浆补强,然后加铺薄层罩面或沥青混凝土罩面层,恢复路表功能。

2)路面结构强度 SSI<0.8,路表弯沉≤0.5mm 或路面破损率≤25%时,宜采用非开挖式地聚合物或其他满足技术要求的注浆材料进行注浆补强,然后加铺沥青混凝土罩面层,恢复路表功能。

3)路面结构强度 SSI<0.8,路表弯沉>0.5mm 或路面破损率>25%时,对旧沥青路面基层、面层应挖除集中再生利用,然后加铺新的路面结构层。

4)旧沥青路面非开挖式注浆补强后,沥青路表弯沉宜控制在35(0.01mm)以内,当超过35(0.01mm)时,应二次注浆补强。

2 旧水泥混凝土路面处治

1)一般路段。

①路面技术状况评定结果为"优"的路段,路面断板率不大于5%、平均错台量不大于3mm 且接缝传荷系数不小于80时,在板底脱空注浆处理、裂缝修补、接缝修补、错台处治、坑洞修补后,加铺新的路面结构层或保持原路面结构。

②路面技术状况评定结果为"良、中"的路段,出现两条裂缝以上的局部路段可进行换板处理,保持原路面或加铺新的路面结构层。亦可采用微裂均质化技术处治后作为路面基层,然后加铺新的路面结构层。

③路面技术状况评定结果为"次、差"的路段,在满足表9.3.3-1的利用条件时,应采用集中破碎再生技术;若不满足表9.3.3-1的利用条件,但在旧路附近区域设有旧路材料

再生基地时,应采用集中破碎再生技术;在不满足表9.3.3-1的利用条件且附近没有再生基地时,经技术经济比较,选择共振碎石化技术或多锤头碎石化技术。处治完成后加铺新的路面结构层。

2)旧水泥混凝土路面注浆补强后,路面板板角弯沉宜控制在30(0.01mm)以内,当超过30(0.01mm)时,应二次注浆补强。

9.3.2 路面加铺结构

1 旧水泥混凝土路面推荐加铺结构形式及厚度见表9.3.2-1、表9.3.2-2;旧沥青路面加铺沥青混凝土路面结构推荐形式见表9.3.2-3。

表9.3.2-1 旧水泥混凝土路面改造加铺沥青混凝土路面结构推荐形式

旧水泥混凝土路面利用形式	道路等级	交通量	加铺结构
旧路补强后加铺	一级公路	极重、特重、重交通	10~12cm AC
	二级公路	极重、特重、重交通	8~12cm AC
		中交通	4~9cm AC
面层挖除再生,基层补强	一级公路	极重、特重、重交通	10~12cm AC 20~40cm CCS
	二级公路	极重、特重、重交通	8~12cm AC 18~40cm CCS
		中交通	4~9cm AC 18~20cm CCS
路面结构重建			按照新建路面结构设计

注:若平整度不满足要求,则需要设置调平补强层。

表9.3.2-2 旧水泥混凝土路面改造加铺水泥混凝土路面结构推荐形式

旧水泥混凝土路面利用形式	道路等级	交通量	加铺结构
旧路补强后加铺	一级公路	极重交通	28~32cm PCC
		特重、重交通	28~30cm PCC
	二级公路	极重交通	28~32cm PCC
		特重、重交通	26~30cm PCC
		中交通	24~28cm PCC
面层挖除再生,基层补强	一级公路	极重交通	28~32cm PCC 20~40cm CCS
		特重、重交通	28~30cm PCC 20~40cm CCS

续表9.3.2-2

旧水泥混凝土路面利用形式	道路等级	交通量	加铺结构
面层挖除再生,基层补强	二级公路	极重交通	28~32cm PCC 20~40cm CCS
		特重、重交通	26~30cm PCC 20~40cm CCS
		中交通	24~28cm PCC 16~20cm CCS
路面结构重建	按照新建路面结构设计		

注:若平整度不满足要求,则需要设置调平补强层。

表9.3.2-3 旧沥青路面改造加铺沥青混凝土路面结构推荐形式

旧沥青混凝土路面利用形式	道路等级	交通量	厚度
旧路补强后加铺或沥青面层铣刨再生	一、二级公路	极重交通	12~15cm AC
		特重、重交通	8~12cm AC
	二级公路	中交通	5~8cm AC
面层挖除再生,基层补强	一、二级公路	极重交通	12~15cm AC 36~40cm CCS
		特重、重交通	8~12cm AC 36~40cm CCS
	二级公路	中交通	5~8cm AC 18~20cm CCS
路面结构重建	按照新建路面结构设计		

注:若平整度不满足要求,则需要设置调平补强层。

2 当在旧水泥路面上加铺沥青混凝土面层时,水泥板应进行铣刨处理,铣刨深度0.5~1cm。铣刨后,根据公路等级、交通等级以及铺设的沥青混凝土层厚的不同,洒铺相应的改性沥青、重交沥青或者乳化沥青。对于极重交通等级的公路,宜采用玻纤格栅和改性沥青防水黏结层或纤维封层。

3 防水黏结层宜采用SBS高聚物改性乳化沥青防水材料或橡胶改性沥青防水材料;应力吸收层宜采用改性乳化沥青或橡胶改性沥青;封层宜采用AH-70热沥青。

9.3.3 旧路面材料再生利用,结合广东省路面工程多次建设改造实际,应该充分利用旧路面的垫层、基层、面层的砂石材料,经再生利用处治为路面改造的垫层、基层结构。

1 旧沥青路面材料再生利用

1)剥离的沥青混凝土宜根据表9.3.3-1的利用条件采用厂拌再生方式,不具备厂拌再生条件时亦可采用就地再生方式。

表 9.3.3-1　旧沥青路面再生利用方法

旧沥青路面再生方式	适 用 条 件	利 用 形 式
厂拌热再生	原路面或处治后路面整体强度满足设计要求； 原路面非结构性车辙、推移和拥包深度应小于20mm，且产生病害的部位主要在表层	适用于一、二级公路的中面层和下面层
就地热再生	同厂拌热再生	适用于一、二级公路下面层和基层
厂拌冷再生	原路面或处治后路面整体强度满足设计要求； 路面病害主要类型为裂缝类； 路面破损状况指数（PCI）为中、次、差； 长大纵坡、地下水位较高的路段不宜采用	乳化沥青厂拌冷再生技术可适用于重交通一级公路的基层，厚度不宜小于80mm；乳化沥青和泡沫沥青厂拌冷再生技术适用于中等交通一级、二级公路的下面层或基层
就地冷再生	原路基整体稳定，基层未出现结构性破坏，路面强度良好； 原路面采用沥青贯入式结构的不宜采用； 重载交通，地下水位较高的路段不宜采用	适用于中轻交通的一级公路柔性基层、二级公路下面层或柔性基层

2）旧沥青路面挖除、破碎、再生混合料配合比设计、施工方法及再生混合料质量要求等参照《广东省公路沥青路面再生技术指南（试行）》（2015）、《公路沥青路面再生技术规范》（JTG F41）执行。

3）旧沥青路面厂拌热再生利用时，其掺量一般不超过混合料质量的50%，实际掺配比例应根据室内试验进行确定。

2　旧水泥混凝土路面材料再生利用

1）旧水泥混凝土路面再生利用方法见表 9.3.3-2。

表 9.3.3-2　旧水泥混凝土路面再生利用方法

旧水泥混凝土路面再生方法		适 用 条 件	利 用 形 式
集中破碎再生		旧路面板再生总量≥80000m³；断板率≥20%；病害面积大于等于70%，路面技术状况等级为次、差路段；附近有敏感构造物或高程受限路段	再生粗集料可用于贫混凝土基层或水泥稳定碎石基层
就地再生利用	共振碎石化、多锤头碎石化	病害面积在20%～70%，断板率<20%；附近没有敏感构造物且净空不受限，以及因浸水或线形调整需抬高高程的特殊路段	就地再生后用于路面基层或底基层
	微裂均质化	路面技术状况等级为良、中路段	

2）集中破碎再生技术。

①旧水泥混凝土路面挖除和破碎设备要求参照《公路水泥混凝土路面再生利用技术细则》（JTG/T F31）执行。碎石加工工艺流程见图 9.3.3-1，颚式破碎机后采用磁性分离器除去95%的废铁杂质。

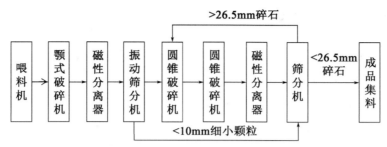

图 9.3.3-1 碎石生产工艺流程

②在原路面挖除和再生骨料破碎加工过程中,应采用洒水设备洒水作业或其他防尘措施,减少扬尘和再生料的二次污染。

③再生集料粒径>5mm 的粗集料直接再生利用作为水泥稳定碎石基层、贫混凝土基层或交通附属设施如边沟、防撞栏、路缘石等,最大粒径不宜超过 26.5mm;再生集料粒径≤5mm 的细集料采用制砂机制成再生砂,可替代河砂用于混凝土或水稳混合料;再生细粉可用于建筑圬工材料。

④再生集料质量要求参照《公路水泥混凝土路面再生利用技术细则》(JTG/T F31)执行;再生砂颗粒级配、质量检验方法参照《普通混凝土用砂、石质量及检验方法标准》(JGJ 52)执行。

⑤再生水泥稳定基层(或底基层)、再生贫混凝土基层的配合比设计、施工工艺、质量控制参照《广东省公路水泥混凝土路面再生技术指南(试行)》(2015)、《公路路面基层施工技术细则》(JTG/T F20)执行。

⑥再生粗集料用于路面底基层、基层时,其掺配比例应通过室内试验进行确定;用于水泥稳定碎石底基层时应增加 26.5~37.5mm 一档集料;用于贫混凝土基层时,再生混合料的弯拉强度应不小于 3.0MPa。

3) 共振碎石化技术和多锤头碎石化技术。

共振碎石化技术和多锤头碎石化技术的再生利用设计与施工工艺参照《公路水泥混凝土路面再生利用技术细则》(JTG/T F31)执行。

4) 微裂均质化技术。

旧水泥混凝土路面微裂破碎后结构层验算时,材料弹性模量范围取值范围为 10000~14000MPa。当路面结强度无法满足设计要求时,应对基层进行非开挖式注浆补强。效果评定项目及频率见表 9.3.3-3。

表 9.3.3-3 效果评定项目和频率

项 目	技 术 要 求	保 证 率	频 率
开裂块度	≤0.04m²	75%	表面洒水量测量,每车道每 20m 检测一块板
表面凹槽深度	≤30mm	75%	用两块三角板测量凹槽深度,每车道每 50m 检测一块面板
弯沉变异系数	≤0.5	100%	每车道每 20m 检测一个断面弯沉
路表弯沉值	≤25(0.01mm)	100%	

注:在开裂块度和表面凹槽深度无法同时满足要求时,以开裂块度为准;若水泥混凝土路面结构层厚度较厚、强度较高,现场多次试验后的块度仍无法达到表 9.3.3-3 要求,经论证后可将开裂块度调整为不大于 0.1m²。

3 半刚性基层材料再生利用

1)半刚性基层(或底基层)再生利用方法包括就地冷再生和集中破碎再生。集中破碎再生的粗集料可用于铺筑水泥稳定碎石基层、底基层或边沟、路缘石等交通附属设施,再生细集料可制成再生砂。

2)半刚性基层就地冷再生用作特重和重交通公路底基层时,其颗粒组成应在表9.3.3-4所列1号级配范围内;半刚性基层就地冷再生用作重交通及以下的二级公路基层或底基层时,其颗粒组成应在表9.3.3-4所列2号级配范围内。对于二级公路,宜按接近级配范围的下限组配混合料。

表9.3.3-4 公路水泥稳定就地冷再生基层混合料的颗粒组成范围

筛孔尺寸(mm)		37.5	31.5	26.5	19.0	9.5	4.75	2.36	1.18	0.6	0.075
通过质量百分率(%)	1号	—	100	90~100	72~89	47~67	29~49	17~35	—	8~22	0~7
	2号	90~100	—	66~100	54~100	39~100	28~84	20~70	14~57	8~47	0~30

3)经配合比设计确定的水泥稳定冷再生混合料性能应满足表9.3.3-5的要求。

表9.3.3-5 水泥稳定冷再生混合料技术要求

交通荷载等级		重及以上	中、轻
7d无侧限抗压强度(MPa)	基层(≥)	—	2.5~3.0
	底基层(≥)	1.5~2.5	1.5~2.0

4)集中破碎再生利用混合料的配合比设计、施工工艺与质量控制标准参照《广东省公路水泥混凝土路面再生技术指南(试行)》(2015)执行。

9.3.4 路面加宽设计

1 沥青路面拼接设计时,基层拼接缝应避开轮迹带;在基层顶面与加铺的下面层之间铺设一层单边烧毛土工布,以防止反射裂缝的产生。

2 水泥路面加宽新旧路面衔接处,宜增加水泥混凝土枕梁,并增加不均匀沉降的控制措施;新旧路面的横缝、胀缝应对应设计,并采用改性沥青进行填缝。

3 硬路肩加宽宽度≥2.5m时,路面基层可采用一般路面结构形式;硬路肩加宽宽度<2.5m时,路面基层宜采用低强度等级水泥混凝土或素混凝土等非碾压式路面基层材料。

9.4 路面材料

9.4.1 对两层式沥青面层,上面层宜采用改性沥青结合料类型。对三层式沥青面层,中上面层宜采用SBS改性沥青或橡胶改性沥青,极重、特重交通荷载等级路面下面层宜考虑抗车辙性能设计。

9.4.2 平交口沥青混凝土路面设计时,沥青结合料宜根据混合料的抗车辙技术要求选择 SBS 改性沥青或橡胶改性沥青并添加抗车辙剂或玄武岩纤维等。

9.4.3 距离施工现场 30km 以内没有商品混凝土供应时,不宜采用商品混凝土。

9.4.4 地聚合物混合料的主要技术指标见表 9.4.4,按照《公路桥涵施工技术规范》(JTG/T F50—2011)进行检测。

表 9.4.4 地聚合物混合料主要技术指标

类　型	流动度(s)	初凝时间(h)	终凝时间(h)	泌水率(%)	自由膨胀率(%)		抗压强度(MPa)	
					3h	24h	3d	28d
加固型	≤20.0	≥3.0	≤4.0	≤0.2	0~2	0~3	≥40.0	≥50.0
封水加固型	≤16.0	≥3.0	≤6.0	0	0~2	0~3	≥5.0	≥15.0

10 桥梁涵洞

10.1 一般规定

10.1.1 设计原则

桥涵应按照安全、耐久、适用、环保、经济和美观的原则,考虑因地制宜、就地取材、便于施工和养护等因素,进行全寿命周期设计。

桥涵应根据公路功能、技术等级、通行能力及防灾减灾等要求,结合水文、地质、通航和环境等条件进行综合设计。公路桥涵应与自然环境和景观相协调,特殊大桥宜进行景观设计。

10.1.2 设计标准

采用现行公路设计规范确定桥梁宽度、汽车荷载等级、设计洪水频率、抗震设防烈度、沿线河流通航净空、设计基准期。

1 荷载等级

桥梁荷载标准应根据公路功能及技术等级进行确定,如表10.1.2-1所示。

表10.1.2-1 各级公路桥涵的汽车荷载等级

公路等级	一级公路	二级公路
汽车荷载等级	公路—Ⅰ级	公路—Ⅰ级

汽车荷载分为公路—Ⅰ级和公路—Ⅱ级。

二级公路作为集散公路且交通量小、重型车辆少时,其桥涵的设计可采用公路—Ⅱ级汽车荷载。

对交通组成中重载交通比重较大的公路桥涵,宜采用与该公路交通组成相适应的汽车荷载模式进行结构整体和局部验算。

2 水文计算

桥涵水文、水利计算应符合现行《公路工程地质勘察规范》(JTG C20)和《公路工程水文勘测设计规范》(JTG C30)的规定。

按规定的各类桥涵设计洪水频率确定设计流量、设计水位、设计流速、冲刷深度。一、二级公路的特大桥,在河床比降大、易于冲刷的情况下,宜提高一级设计洪水频率验算基础冲刷深度;由多孔中小跨径桥梁组成的特大桥,其设计洪水频率可采用大桥标准(表10.1.2-2)。

表10.1.2-2 桥涵设计洪水频率

公路等级	设计洪水频率				
	特大桥	大桥	中桥	小桥	涵洞及小型排水构造物
一级公路	1/300	1/100	1/100	1/100	1/100
二级公路	1/100	1/100	1/100	1/50	1/50

桥梁设计所采用的设计水位,设计最高(低)通航水位等应收集多年资料进行分析计算所得,或采用有关部门批准的规划数据。

3 桥梁宽度

桥梁宽度原则上与路基同宽。桥面净宽应满足公路建筑限界要求。可利用路肩设置护栏,注意护栏不得占用公路建筑限界(防撞护栏应与桥面混凝土结构连成整体,以提高防撞能力)。

作为干线功能的一级公路上特大桥的右侧路肩宽度小于2.50m且桥长超过1000m时,宜设置紧急停车带和过渡段,紧急停车带宽度包括路肩在内应为3.50m,有效长度不小于40m,间距不宜大于500m。

过城镇路段的桥梁根据需要设置人行道、自行车道。人行道宽度宜为1.0m,大于1.0m时,按照0.5m的级差增加。一个自行车道的宽度应为1.0m;当单独设置自行车道时,不宜小于两个自行车道的宽度。人行道、自行车道与行车道之间,应设护栏或路缘石等分隔设施;路缘石高度宜取用0.35m。

桥上设置的各种管线、安全设施及标志不得侵入公路建筑限界。

弯桥应按路线设计要求做好超高、加宽设计,位于加宽缓和段内的桥梁,桥面宽度一般按加宽变化值设置。

4 桥下净空

桥下净空应根据计算水位(设计水位计入壅水、浪高等)加安全高度确定。

通航或流放木筏的河流,桥下净空应符合通航标准或流放木筏的要求。

跨线桥桥下净空,应符合被交叉公路、铁路、其他道路等建筑限界的规定。

桥下净空应考虑排洪、流水、漂流物以及河床冲淤等情况。

5 桥梁通航

跨越通航河道的桥梁,布孔净空和净宽应符合现行《内河通航标准》(GB 50139)及现行《海轮航道通航标准》(JTS 180-3)的相关要求,航迹线及布孔应获得航道部门的文字确认。通航水域中的桥梁墩台,应考虑防撞设计。

6 抗震设计

抗震设防烈度为6度及以上地区的公路桥梁,必须进行抗震设计。

7 耐久性设计

混凝土结构的耐久性应根据结构的设计使用年限、结构所处的环境类别及作用等级进行设计。

公路桥涵混凝土结构及构件的设计使用年限应符合现行《公路工程技术标准》

(JTG B01)的规定。

各类环境下混凝土强度等级最低要求和钢筋混凝土保护层厚度满足现行《公路钢筋混凝土及预应力混凝土桥涵设计规范》(JTG 3362)相关要求。

10.1.3 桥(涵)位

大桥、特大桥桥位应作为路线走向的控制点,应尽量与河道正交。条件受限时,可采用小角度(小于45°)跨越干线航道或较大的行洪河道。一般中小桥及构造物的位置服从路线走向。

桥涵及构造物选址,应与国家有关部门(如水利、航道、规划等)协调,并征得同意,报相关方审批。

10.1.4 桥型选择

桥型设计,应根据所在区域的自然条件、材料来源、地质状况、施工方式和使用要求综合考虑。除需采用特殊结构另行设计外,尽量做到标准化、系列化、工厂化。

钢结构桥梁具有抗震性能好、下部工程量小、相对于混凝土梁可分节段灵活运输等特点。布设在城区附近,对景观要求较高的桥梁、立交范围内施工组织难度较大的跨线桥或分离式立交桥,经过比选可选用钢箱梁或钢—混凝土组合结构桥型。

重要工点桥梁和位于城镇附近的桥梁,应注重桥梁造型设计,同时与桥位处景观相协调。注重桥型美观,结构轻巧,线条简洁和流畅,与当地自然、人文景观、风土人情、历史文化相协调。

10.2 桥涵总体设计

跨越通航河流的桥型布置,应充分保证各级航道的使用功能,使航道通顺,水流平稳、通航孔桥墩(台)沿水流方向的轴线应与通航水位的主流方向一致,必须斜交时,一般斜度不宜大于5°;若斜度超过5°,桥梁净跨径必须相应加大。

跨越一般河流的桥梁,桥梁与水流方向的斜度一般应控制在30°以内。当斜度小于15°且无通航要求时,可以斜桥正做;当跨越无法改移的河道或人工沟渠时,宜顺适实际斜交角度布设。当设计条件受到限制时,也可根据实际斜交角度进行设计。

跨越一般河流和沟渠的大中桥,可根据现场条件和要求考虑设置三孔或以上的多孔桥,中间孔跨河沟,边孔可兼作通道。

桥梁跨径组成、涵洞跨径大小根据水文计算和现场调查情况确定;一般情况下,对5m宽度以上的水渠或冲沟,按桥梁方案跨越。

项目沿线等级道路及地方路较为密集时,跨越3.5m以上的水泥路首先考虑设置桥梁跨越,跨越2.5m~3.0m的道路结合交通量和功能设置6m通道,2m以下的土路受限考虑4m的通道。

桥梁设计应注意路桥配合。位于平曲线上的桥梁:平曲线半径较小时可作曲线桥;平曲线半径较大时,可布置折线桥,其上部结构必须包络桥面净宽和护栏。

原则上尽量采用正交桥梁,宜避免采用斜交桥梁。地形及环境条件容许时,左右幅桥梁可分别设正交桥跨,分幅错孔布置。

跨越交叉道路、管线设施的构造物,应尽可能选择对跨径影响小的角度,并尽量避开交叉口、弯道。

跨越 V 形沟谷时,应尽量避免在沟谷中心设置桥墩。桥梁长度应使桥孔具有充分的行洪能力。

涵洞位置应符合沿线线形布设要求。当不受线形布设限制时,宜将涵洞位置选择在地形有利、地质条件良好、地基承载力较高、沟床稳定的河(沟)段上。

涵洞设计应做好实地勘测工作,确保涵洞轴线与路线的交角及进出口沟渠衔接的准确性。在选择涵位时应注意进出口高程与实地衔接,确保水流顺畅。

10.3 桥梁上部结构设计

跨径超过 40m 时,宜优先采用技术与工艺较成熟的预应力混凝土连续(刚构)箱梁。变截面预应力混凝土箱梁跨径达到 60m 及以上时宜采用悬浇工艺,跨径较小且具有落地支架条件时,可采用落地支架现浇。考虑养护方便,桥墩柔度许可时,宜优先采用刚构桥。

跨径 40m 及以内的桥梁宜采用预制装配式梁板式桥(T 梁、I 梁、小箱梁、空心板、实心板),并充分考虑工期要求不同等对结构形式的影响。当桥梁较少且较分散,或者预制场地困难的条件下,可采用现浇结构。

1)常规梁桥先简支后桥面连续结构,一联长度不宜大于 100m。

2)跨径在 8m 以下时,宜采用钢筋混凝土实心板。

3)跨径在 8m 时,宜采用钢筋混凝土空心板。

4)跨径 10m 时,可采用钢筋混凝土空心板。

5)跨径 10m、13、16m 时,宜采用预应力混凝土空心板或预应力混凝土 T 梁,在施工条件受限时,可采用钢筋混凝土 T 梁。

6)跨径 20m~40m 时宜采用装配式预应力混凝土 T 梁或小箱梁。

7)桥梁跨径大于 35m 且桥墩高度大于 20m 的桥梁宜采用连续刚构或连续梁—刚构组合体系。

8)平曲线上的桥梁,当平曲线半径小于 120m 时,上构宜采用现浇结构设计。对于现浇结构的桥梁,无论位于何种半径平曲线上,墩台宜采用径向布置,上部结构采用曲线布置。

9)对于位于大半径平曲线上的预制结构桥梁,墩台一般采用径向布置,上部结构采用折线布置。

10)上部构造采用斜交时,装配式空心板和 T 梁斜交角度不超过 45°,装配式箱梁斜交角度不宜超过 30°。

11)装配式梁板的连接方式可采用铰接或刚性连接:普通钢筋混凝土实心板和预应

力混凝土 T 梁、小箱梁宜采用刚性连接,预应力混凝土空心板宜采用铰接。

10.4 桥梁下部结构设计

桥梁墩、台必须根据测量收集的水文、地质资料以及墩台布置形式,进行冲刷计算。设计洪水位涉及的区域(含主河槽以外及沿河设置的桥梁),应进行冲刷计算,并注意是否存在滚石撞击。堤坝附近的桥梁应注意建桥后冲刷(含对堤坝的影响),应保证双方安全。

桥墩侧的陡边坡应进行施工及建桥后边坡稳定性评价(包括考虑建桥期间和建桥后可能产生的扰动、排水不畅等不良地质影响、恒活载作用),根据评价结果进行相应的边坡整治。必要时,应加设稳定边坡的工程措施。半幅路基半幅桥地段,应在保证路基稳定的前提下,设置半幅桥。临河边坡,应考虑建桥后冲刷对边坡稳定性的影响。

斜坡上的傍山桥梁,当上边坡的滚石危及桥梁安全时应清除或采取工程措施,以保证桥梁安全。

桥梁布设在地形偏陡的地带时,应测量左中右三条纵向地面线,保证桩基围岩有效宽度,不允许在今后出现部分桩基暴露的现象。

10.4.1 桥墩

一般情况下,中小跨径桥梁采用柱式墩。高墩采用群桩基础,配薄壁墩或箱形墩。有美观要求的桥梁,可考虑采用特殊造型桥墩。

桩基顶面系梁、承台顶面宜埋置于原地面以下 30cm,水中墩系梁、承台设置位置须考虑地形、地貌、水流冲刷、防洪要求等因素。

10.4.2 桥台

1 桥台形式

桥台台身高度原则控制在 10m 以内,避免桥台高填方,确保桥台稳定。桥台结合地质条件和填土高度,可选择柱式台、肋式台、薄壁台、扶壁台、U 台等台型。

考虑普通干线公路一般桥台填土高度较低,宜采用受力简单、施工方便的重力式、埋置式、轻型式及组合式等桥台,并在桥台上设置桥头护栏。当填土高≤5m 时,宜采用柱式台、薄壁台;当填土高>5m 时,可采用柱+搭板组合式桥台,搭板构造参见搭板要求,按板结构配筋设计;搭板扩大基础与路堤连接,下设锥坡铺砌,以节省造价,如图 10.4.2 所示。

2 桥头搭板

搭板设置方式均为平置,其上综合设置桥头护栏,顺桥向近桥台端置于牛腿上。桥头搭板厚度 30cm,长度分为 6m、8m 两种。软基段及桥头填土高度≥5m 时,搭板长度 8m;桥头填土高度<5m 时,搭板长度 6m。

3 锥坡

桥台台前铺砌范围应据地形、地质,并结合边坡防护措施确定,注意边坡稳定及总体协调性需求。

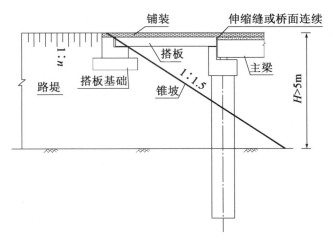

图 10.4.2 柱+搭板组合式桥台示意图

10.5 基 础

10.5.1 基础类型

基础应根据水文、地质、地形、上部结构以及新技术、新材料、新工艺等,综合论证,合理确定。考虑水文地质、地基承载力、岩(土)层厚度、相关物理力学指标以及施工技术等条件,一般可采用扩大基础、钻(挖)孔桩、沉桩、管桩等类型。

10.5.2 地基承载力

地基承载力可采用行之有效的地质勘测、原位测试、野外荷载试验、邻近旧桥梁调查对比等方法综合分析确定。危桥加固改造工程,应结合施工条件,经现场荷载试验确定。

10.5.3 扩大基础设计一般规定

基底承载力或基底处治满足设计规定的,宜采用扩大基础,就地取材、方便施工。地基基础及基底持力层应有足够的强度、稳定性及耐久性,基础埋置深度应满足规定要求。

扩大基础地基处理要求:

1 应视地质情况确定不均匀沉降量,基础应置于均匀地层,有水流冲刷的应按规范将基底埋置在局部冲刷线以下的规定值,基底承载力按持力层力学指标确定。

2 地基设置在于风化层较厚岩层,基底岩层强度高、水流冲刷较小,经与桩基础技术经济综合比较,在确保结构安全条件下,基础可设置于在风化岩层内,埋置深度应根据风化程度、冲刷情况及其相应基底承载力确定。

3 地基设置岩石上,水流冲刷严重,应全部清除风化层,基础应根据岩石强度嵌入岩石一定深度，或设置钢筋锚固措施，使基础与岩石连成整体。

4　当地基承载力基本容许值$[f_{a0}]$不满足要求时，应分析论证，根据实际情况采用基底换填碎石土、中粗沙、砂砾、碎石等适当方法进行处治，以达到设计要求。

5　扩大基础可采用片石混凝土、素混凝土或钢筋混凝土。

10.5.4　桩基设计一般规定

1　摩擦桩：桩顶荷载主要由桩侧阻力承受，考虑部分桩端阻力；桩侧摩阻力标准值宜采用单桩摩阻力试验确定，当无试验条件时设计可暂按规范选用，应根据施工超前钻探核查验证、调整桩侧摩阻力指标，动态调整桩长及终孔原则，防止摩阻力指标不合理，造成桩长不合理，增大施工难度及施工成本。

2　端承桩：桩顶荷载主要由桩端阻力承受，考虑部分桩侧阻力；设计中应明确持力层、岩性强度及清孔要求。计算单桩轴向受压承载力容许值时，端阻发挥系数、侧阻发挥系数、桩侧土摩阻力标准值严格按规范规定执行，防止端阻、侧阻发挥系数和摩阻力指标不合理，造成桩长不合理，增大施工难度及施工成本。

10.6　桥梁改扩建

10.6.1　总体设计

中、小桥一般可选择单侧加宽、双侧加宽或旧桥结构保持独立，在旧桥一侧新建一幅桥梁的改扩建形式。

改扩建项目应收集既有桥梁竣工资料，加强对既有桥梁的调查及检测评定，并根据评定结果、结构验算结论和技术经济比较，确定对既有桥梁采用直接利用、拼接加宽、加固利用或拆除重建等方案。

10.6.2　既有桥涵评价

应按现行《公路桥梁技术状况评定标准》(JTG/T H21)评定桥梁技术状况。

应按现行《公路桥梁承载能力检测评定规程》(JTG/T J21)鉴定桥梁承载能力。

应按现行《公路桥涵养护规范》(JTG H11)评价桥涵适应性，并提出改进建议。

既有桥涵的检测评价应采用原设计荷载等级。

桥梁承载能力检算评定所需技术参数，宜依据竣工资料或设计文件按相关标准规范取用。对缺失技术资料的桥梁，可根据桥梁检测资料，结合参考年代类似桥梁设计文件或标准定型图取用。

当通过检算分析尚无法明确评定桥梁承载能力时，通过对桥梁施加静力荷载作用，测定桥梁结构在试验荷载作用下的结构相应，并据此确定检算系数，重新进行承载能力检算评定或直接评定桥梁承载能力是否满足要求。

对项目内常规跨径桥梁，相同结构形式的可结合年度定期检查报告结果，分类选取有代表性的桥梁进行检测和评定，其结论可应用于项目内同一类型的桥梁。

10.7 桥面铺装、桥面排水、伸缩装置及其他

10.7.1 桥面铺装

桥梁铺装宜与公路路面相协调。

公路路面采用水泥混凝土路面时,桥梁铺装宜采用防水混凝土。装配式桥梁可采用整体化层与桥面铺装整合设计,一般厚度宜取15cm,最小厚度不小于12cm;整体式桥梁一般厚度取10cm,最小厚度不小于8cm。

10.7.2 桥面排水

桥面排水一般以竖向直排为主,当桥梁上部梁板悬臂较短无法预留泄水孔或泄水孔与连续梁负弯矩区预应力筋干扰时,该区间由护栏水平排出。位于纵坡下方的伸缩缝前应另加一道排水孔。

应结合路基的总体排水设计,确定地面排水流向。按水流量及线形条件,经泄水口水力计算确定泄水口布设间距。

10.7.3 伸缩装置

桥梁伸缩装置一般采用模数式伸缩装置,位于城镇有特殊要求的,可采用梳齿形伸缩装置。

伸缩装置预埋件设计图应明确伸缩装置需符合现行《公路桥梁伸缩装置通用技术条件》(JT/T 327)标准。当联长$L \leq 120m$时,一般采用80型伸缩装置;当$120m < 联长L \leq 220m$时,一般采用160型伸缩装置。

10.7.4 支座及垫石

预制桥梁一般采用板式橡胶支座,连续刚构、现浇箱梁采用盆式支座。

桥梁宜设置支座垫石,支座在纵横两个方向均必须平置,垫石顶及支座部位梁板底面均应水平设置。支座垫石设置应满足更换支座时放置千斤顶要求。预制梁建议支撑高度采用30cm。垫石各边长度及宽度应比支座相应尺寸增加宜不少于10cm。

支座预埋件参考相关技术标准,按支座规格设计,预埋件尺寸应标注。

10.7.5 桥梁养护设计

桥涵应设置维修养护通道,特大桥和大桥应设置必要的养护设施。

1 桥台前锥坡上应设置检修平台,一般位于距台帽顶1.2m,平台宽1.0m。
2 大跨径桥梁、复杂桥梁、变截面预应力混凝土悬浇桥梁应预留人员和设备到达的通道。

10.8 涵 洞

10.8.1 涵洞布设

为避免洞内泥沙淤积，一般情况下洞底应设置不小于 0.5% 的纵坡。斜坡上的涵洞涵底纵坡不宜大于 5%，圆管涵的纵坡不宜大于 3%。当涵底纵坡大于 5% 时，涵底宜采用齿状基础，或者设置出口为扶壁式，当涵底纵坡大于 10% 时，涵身及基础应分段做成阶梯形，前后两节涵洞盖板或拱圈的搭接高度不应小于其厚度的 1/4。

新建涵洞应采用无压力式涵洞；当涵前允许积水时，可采用压力式或半压力式涵洞；当路基顶面高程低于横穿沟渠的水面高程时，也可设置倒虹吸管涵。涵洞的孔径，应根据设计洪水流量、河沟断面形态、地质和进出水口沟床加固形式等条件，经水力验算确定。

10.8.2 涵洞分类

根据涵位处地质情况、过水量及使用功能，可分别采用圆管涵、盖板涵、箱涵及拱涵四种结构类型。

1) 在排水能力满足要求时，应优先采用圆管涵。
2) 过水面积较大或明涵，宜采用盖板涵；填土较高时可采用整体式基础盖板涵。
3) 填土高度 6m 及以下的软土路基，宜采用钢筋混凝土箱涵。
4) 在有较大沉降与变形的高填土或地基承载力较低的路段，可采用钢波纹管涵。
5) 地质条件较好的高填土涵洞可采用拱涵。

10.8.3 涵洞基础

置于非岩石地基上的涵洞，根据涵洞的涵底纵坡及地基土情况，每隔 4～6m 应设置一道沉降缝；高路堤路基边缘以下的洞身及基础每隔适当距离应设置沉降缝；旧涵洞接长时，亦应在新旧接头处设置沉降缝。沉降缝应采用弹性不透水材料填塞。岩石地基上的涵洞可不设沉降缝。

涵洞的基础，应按涵洞的构造、地质条件及地基处理的情况，设计为整体式或非整体式。

涵洞基础应计算工后沉降，其工后沉降量不应大于 20mm。当涵洞的工后沉降量不满足要求时，应进行地基处理。软基段涵洞地基处理结合路基处理方案综合考虑。

当涵底地基承载力基本容许值 $[f_{a0}]$ 不满足要求时，应分析论证，根据实际情况采用基底换填碎石土、中粗砂、砂砾、碎石等适当方法进行处治，以达到设计要求。

10.8.4 涵洞构造

涵洞设计应符合现行《公路涵洞设计细则》(JTG/T D65-04)要求。

圆管涵涵身宜由钢筋混凝土构成，应配双层钢筋。

盖板涵盖板可采用预制或现浇，盖板两端应与涵台顶紧，采用 C20 小石子混凝土填满捣实空隙。基础可采用整体式或分离式，分离式基础应设置支撑梁。

拱涵宜采用钢筋混凝土拱圈和圬工涵台。

箱涵涵身宜采用钢筋混凝土整体闭合式框架结构,其横截面可为长方形或正方形。内角壁在角隅处宜设倒角并配防劈裂钢筋。

钢波纹管涵管身由薄钢板压成波纹后,卷制成管节构成。整体式波纹管采用凸缘(法兰)连接;分片拼装式波纹管采用钢板搭接,并用高强螺栓连接。

涵洞进出口外的河床均应进行铺砌,铺砌长度应视河沟纵坡、地基土、冲刷等条件而定。一般情况下,洞口应铺出端墙以外2m或以上。在纵坡陡、流速大的情况下,应据情况采取相应的消力措施,如设置急流槽、跌水及消力池(坎),端部应设隔水墙。

10.9 桥梁标准化设计

一、二级普通干线公路桥涵设计在各技术参数符合条件下,建议可直接采用广东省高速公路工程设计标准化成果。

根据广东省干线公路设计标准化提出的路基标准断面,结合广东省高速公路工程设计标准化体系已出标准图,提出可参考利用的范围或建议新增的标准图。

(1)标准横断面

小箱梁、T梁及空心板标准横断面如图10.9-1~图10.9-3所示。

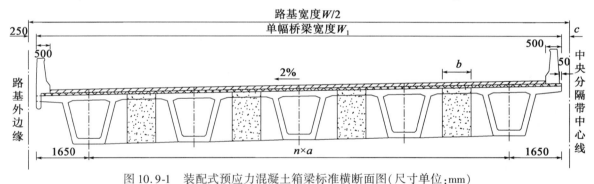

图10.9-1 装配式预应力混凝土箱梁标准横断面图(尺寸单位:mm)

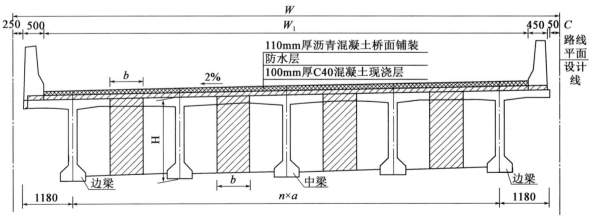

图10.9-2 装配式预应力混凝土T梁标准横断面图(尺寸单位:mm)

(2)标准图基本构造尺寸表

小箱梁、T梁及空心板横断面尺寸及对应下部构造尺寸见表10.9-1~表10.9-3。

表 10.9-1　广东省干线公路设计标准图构造尺寸表（装配式预应力混凝土箱梁）

公路等级	设计速度 (km/h)	路基宽度 W (m)	单幅桥梁宽度 W_1 (m)	车道数	一幅桥梁片数 $n+1$	梁间距 a (m)	湿接缝宽度 b (m)	c (m)	盖梁长度 (m)	台帽长度 (m)	桥墩桩柱径 (m) 20m跨（墩高 H≤10m）	25m跨（墩高 H≤10m）	30m跨（墩高 H≤15m）
一级公路	80	40/20	19.5	8	6	3.240	0.840	0.25	18.2	19.75	D1.0－D1.2 (3柱)	D1.1－D1.3 (3柱)	D1.2－D1.4 (3柱)
		33/16.5	16	6	5	3.175	0.775	0.25	14.7	16.25	D1.1－D1.3	D1.2－D1.4	D1.3－D1.5
		25.5/12.75	12.25	4	4	2.983	0.583	0.25	10.95	12.5	D1.0－D1.2	D1.2－D1.4	D1.3－D1.5
	60	35.5/17.75	17.25	8	6	2.790	0.390	0.25	15.95	17.5	D1.0－D1.2 (3柱)	D1.1－D1.3 (3柱)	D1.2－D1.4 (3柱)
		28.5/14.25	13.75	6	4	3.483	1.083	0.25	12.45	14	D1.1－D1.3	D1.2－D1.4	D1.3－D1.5
		21.5/10.75	10.25	4	3	3.475	1.075	0.25	8.95	10.5	D1.0－D1.2	D1.1－D1.3	D1.3－D1.5
二级公路	80	15	14.5	2	5	2.800	0.400		13.2	14.5	D1.0－D1.2	D1.1－D1.3	D1.2－D1.4
	60	12	11.5	2	4	2.733	0.333		10.2	11.5	D1.0－D1.2	D1.1－D1.3	D1.2－D1.4
	40	10	9.5	2	3	3.100	0.700		8.2	9.5	D0.9－D1.1	D1.0－D1.2	D1.1－D1.3

表 10.9-2　广东省干线公路设计标准图构造尺寸表（装配式预应力混凝土 T 梁）

公路等级	设计速度 (km/h)	路基宽度 W(m)	单幅桥梁宽度 W_1(m)	车道数	一幅桥梁片数 n+1	梁间距 a(m)	湿接缝宽度 b(m)	c(m)	盖梁长度 (m)	台帽长度 (m)	桥墩桩柱径（m）		
											20m 跨（墩高 $H\leq10m$）	25m 跨（墩高 $H\leq10m$）	30m 跨（墩高 $H\leq15m$）
一级公路	80	40/20	19.5	8	8	2.449	0.699	0.25	18.7	19.75	D1.0－D1.2 (3柱)	D1.1－D1.3 (3柱)	D1.2－D1.4 (3柱)
		33/16.5	16	6	7	2.273	0.523	0.25	15.2	16.25	D1.1－D1.3	D1.2－D1.4	D1.3－D1.5
		25.5/12.75	12.25	4	5	2.473	0.723	0.25	11.45	12.5	D1.0－D1.2	D1.1－D1.3	D1.3－D1.5
	60	35.5/17.75	17.25	8	7	2.482	0.732	0.25	16.45	17.5	D1.0－D1.2 (3柱)	D1.1－D1.3 (3柱)	D1.2－D1.4 (3柱)
		28.5/14.25	13.75	6	6	2.278	0.528	0.25	12.95	14	D1.1－D1.3	D1.1－D1.3	D1.3－D1.5
		21.5/10.75	10.25	4	4	2.630	0.880	0.25	9.45	10.5	D1.0－D1.2	D1.1－D1.3	D1.3－D1.5
二级公路	80	15	14.5	2	6	2.428	0.678		13.7	14.5	D1.0－D1.2	D1.1－D1.3	D1.2－D1.4
	60	12	11.5	2	5	2.285	0.535		10.7	11.5	D1.0－D1.2	D1.0－D1.2	D1.2－D1.4
	40	10	9.5	2	4	2.380	0.630		8.7	9.5	D0.9－D1.1	D1.0－D1.2	D1.1－D1.3

表10.9-3 广东省干线公路设计标准图构造尺寸表(装配式预应力混凝土空心板)

公路等级	设计速度(km/h)	路基宽度 W(m)	单幅桥梁宽度 W_1(m)	车道数	一幅桥梁片数 n	一幅桥空心板片数 中板	一幅桥空心板片数 边板	悬臂长度 C(m)	d(m)	盖梁长度(m)	台帽长度(m)	桥墩桩柱径(m) 10m跨	桥墩桩柱径(m) 13m跨	桥墩桩柱径(m) 16m跨
一级公路	80	40/20	19.5	8	15	13	2	0.38	0.25	19.5	19.75	D0.9–D1.2 (3柱)	D0.9–D1.2 (3柱)	D1.0–D1.2 (3柱)
一级公路	80	33/16.5	16	6	12	10	2	0.505	0.25	15.8	16.25	D1.0–D1.2	D1.0–D1.2	D1.1–D1.3
一级公路	80	25.5/12.75	12.25	4	9	7	2	0.505	0.25	12.0	12.5	D1.0–D1.2	D1.0–D1.2	D1.0–D1.2
一级公路	60	35.5/17.75	17.25	8	13	11	2	0.505	0.25	17.0	17.5	D0.9–D1.2 (3柱)	D0.9–D1.2 (3柱)	D1.0–D1.2 (3柱)
一级公路	60	28.5/14.25	13.75	6	10	8	2	0.63	0.25	13.3	14	D1.0–D1.2	D1.0–D1.2	D1.1–D1.3
一级公路	60	21.5/10.75	10.25	4	8	6	2	0.13	0.25	10.8	10.5	D1.0–D1.2	D1.0–D1.2	D1.0–D1.2
二级公路	80	15	14.5	2	11	9	2	0.38		14.5	14.5	D1.0–D1.2	D1.0–D1.2	D1.1–D1.3
二级公路	60	12	11.5	2	9	7	2	0.13		12.0	11.5	D0.9–D1.1	D0.9–D1.1	D1.0–D1.2
二级公路	40	10	9.5	2	7	5	2	0.38		9.5	9.5	D0.8–D1.0	D0.8–D1.0	D0.9–D1.1

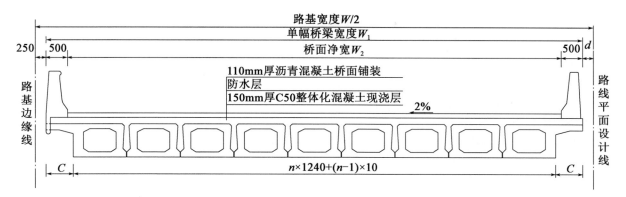

图 10.9-3 装配式预应力混凝土空心板标准横断面图(尺寸单位:mm)

(3)典型墩台承载力

一级公路的典型墩台承载力基本可以参照广东省高速公路工程设计标准化成果，表 10.9-4～表 10.9-6 给出二级公路一般跨径下的典型墩台承载力。

表 10.9-4 装配式预应力混凝土箱梁典型墩台承载力表

公路等级	路基宽度 W(m)	单幅桥梁宽度 W_1(m)	单孔跨径(m)	桥墩墩柱数量	柱间距(m)	柱式墩单柱柱顶力(kN)	桥台桩基数量	桩间距(m)	柱式台单桩桩顶力(kN)
二级公路	15	14.5	20m	2	9.2	4261	2	9.2	2795
			25m	2	9.2	5188	2	9.2	3236
			30m	2	9.2	6386	2	9.2	3797
	12	11.5	20m	2	6.2	3663	2	6.2	2428
			25m	2	6.2	4433	2	6.2	2796
			30m	2	6.2	5450	2	6.2	3276
	10	9.5	20m	2	4.2	3257	2	4.2	2158
			25m	2	4.2	3965	2	4.2	2503
			30m	2	4.2	4850	2	4.2	2923

表 10.9-5 装配式预应力混凝土 T 梁典型墩台承载力表

公路等级	路基宽度 W(m)	单幅桥梁宽度 W_1(m)	单孔跨径(m)	桥墩墩柱数量	柱间距(m)	柱式墩单柱柱顶力(kN)	桥台桩基数量	桩间距(m)	柱式台单桩桩顶力(kN)
二级公路	15	14.5	20m	2	9.2	4331	2	9.2	2827
			25m	2	9.2	5407	2	9.2	3343
			30m	2	9.2	6529	2	9.2	3866
	12	11.5	20m	2	6.3	3731	2	6.2	2460
			25m	2	6.2	4707	2	6.2	2930
			30m	2	6.2	5664	2	6.2	3380
	10	9.5	20m	2	4.2	3301	2	4.2	2183

续上表

公路等级	路基宽度 W(m)	单幅桥梁宽度 W_1(m)	单孔跨径(m)	桥墩墩柱数量	柱间距(m)	柱式墩单柱柱顶力(kN)	桥台桩基数量	桩间距(m)	柱式台单桩桩顶力(kN)
二级公路	10	9.5	25m	2	4.2	4024	2	4.2	2530
			30m	2	4.2	4823	2	4.2	2906

表10.9-6 装配式预应力混凝空心板典型墩台承载力表

公路等级	路基宽度 W(m)	单幅桥梁宽度 W_1(m)	单孔跨径(m)	桥墩墩柱数量	柱间距(m)	柱式墩单柱柱顶力(kN)	桥台桩基数量	桩间距(m)	柱式台单桩桩顶力(kN)
二级公路	15	14.5	10m	2	9.25	2678	2	9.25	2072
			13m	2	9.25	3277	2	9.25	2404
			16m	2	9.25	3894	2	9.25	2735
	12	11.5	10m	2	6.75	2314	2	6.75	1839
			13m	2	6.75	2819	2	6.75	2123
			16m	2	6.75	3340	2	6.75	2408
	10	9.5	10m	2	4.25	2065	2	4.25	1655
			13m	2	4.25	2502	2	4.25	1907
			16m	2	4.25	2950	2	4.25	2153

11 平面交叉

11.1 一般规定

11.1.1 平面交叉设计原则

平面交叉设计原则应遵循《公路路线设计规范》(JTG D20)的相关规定。

11.1.2 平面交叉交通管理方式

1 平面交叉交通管理方式应符合《公路路线设计规范》(JTG D20)的相关规定。

2 当平面交叉满足以下条件时应采用信号交叉交通管理方式,信号控制设施宜与闯红灯抓拍设施同步实施和运行。

1)相交公路均为一级公路或多车道公路时。

2)平面交叉口交通事故情况达到以下条件之一时:

(1)3年内平均每年发生5次以上交通事故,从事故原因分析,通过设置信号灯可避免发生事故的平交口。

(2)3年内平均每年发生一次死亡交通事故的平交口。

11.1.3 平面交叉设计速度

1 平面交叉设计速度应符合《公路路线设计规范》(JTG D20)的相关规定。

2 斜交平面交叉次要公路局部改线,当次要公路为一级公路时,改线段设计速度不应低于原设计速度;当次要公路为二级公路时,改线段设计速度不应低于原设计速度的70%;当次要公路为三、四级公路时,改线段设计速度不应低于20km/h。

11.1.4 平面交叉间距

1 平面交叉间距应符合《公路路线设计规范》(JTG D20)的相关规定。

2 平面交叉最小间距应符合表11.1.4的规定。

表11.1.4 平面交叉最小间距

公路技术等级	一级公路			二级公路	
设计速度(km/h)	100	80	60	80	60
平面交叉间距(m)	2000	1000	500	500	300
右进右出控制间距(m)	500	350	230	—	—

11.1.5 平面交叉类型及其适用性

平面交叉按几何形状分为 T 形交叉、十字形交叉、X 形交叉、Y 形交叉和环形交叉。

1 T 形交叉和十字形交叉

T 形交叉和十字形交叉按布局类型分为渠化交叉和非渠化交叉。

1）相交公路均为一级公路或多车道公路时,必须采用由导流岛、分隔岛来指定各向车流行径的渠化交叉。

2）主要公路为一级公路或多车道公路,次要公路为二、三级公路时,必须采用由导流岛来指定右转弯车流行径的渠化交叉,同时主要公路上必须设置分隔岛;当左转弯交通量较大时,次要公路上也应设置分隔岛。

3）主要公路为二级公路,次要公路为二、三级公路时,应采用由导流岛来指定右转弯车流行径的渠化交叉;当左转弯交通量较大时,应设置分隔岛。

4）次要公路为四级公路或等外路,交通量较大时,宜采用渠化交叉;交通量较小、转弯车辆较少时,可采用加铺转角的非渠化交叉,有条件时宜采用渠化交叉。

2 X 形交叉

1）X 形交叉属于畸形十字交叉,由于特殊的形式,常常是公路中交通事故的隐患地点,在设计中应尽量避免这种不安全的交叉口形式,对这类交叉口有条件的应进行改良。

2）X 形交叉的设计与十字形交叉基本相同,但应在锐角部分设置导流岛,钝角部分在有条件的情况下应设置导流岛。若斜交角度过大,设置导流岛有困难时,可不设置。X 形交叉设计示例如图 11.1.5-1 所示。

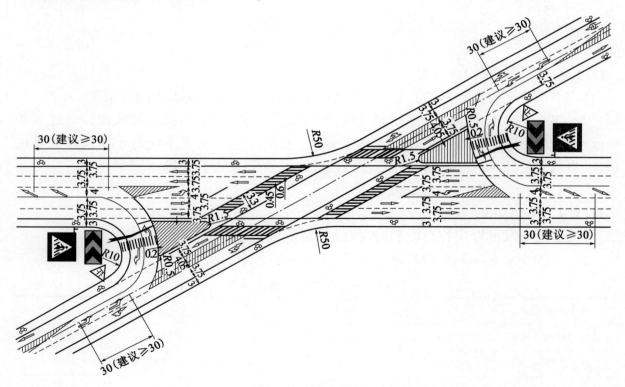

图 11.1.5-1　X 形交叉设计示例(尺寸单位:m)

3 Y形交叉

由于公路规划统筹考虑、公路改线保留老路、公路建设经济费用等原因,公路设计中很难做到绝对避免Y形交叉。

1)Y形交叉设计时应先确定主线,另外一条作为支线,设计改造过程应特别注意路权概念,右转车辆汇入直行车流时,应设置让行标志。如图11.1.5-2、图11.1.5-3所示。

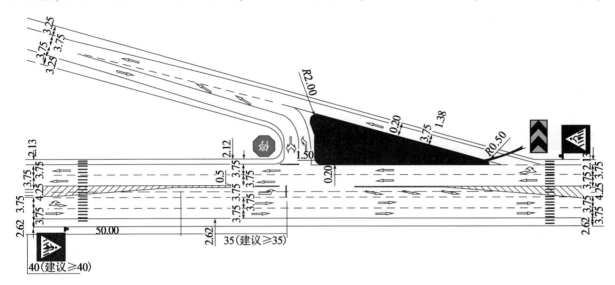

图11.1.5-2 斜交道路为支线的Y形交叉设计示例(尺寸单位:m)

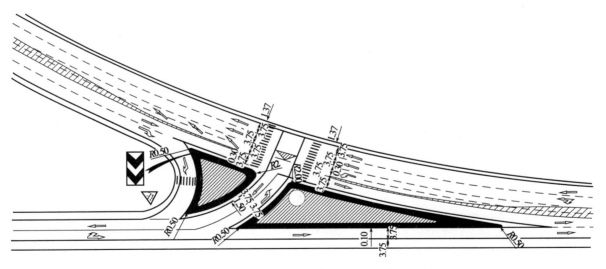

图11.1.5-3 斜交道路为主线的Y形交叉设计示例(尺寸单位:m)

2)Y形交叉属于畸形T形交叉,因此设计与T形交叉类似,同时又有其不同之处。Y形交叉锐角部分应设置导流岛,钝角部分由于半径过大不再设置导流岛。

4 环形交叉

环形交叉分为单车道环形交叉和多车道环形交叉两种。

下列情况可考虑采用环形交叉:

1)几何形状不规则的平面交叉。

2) 平面交叉岔数多于 4 条的平面交叉。

3) 相交公路功能、等级和交通量较为接近,难以判断主次又未达到设置信号控制的平面交叉。

下列情况不宜采用环形交叉：

1) 空间过小,不能满足环形交叉需要的最小外径要求的平面交叉。

2) 主次路交通量差别明显的平面交叉。

3) 行人和机动车交通量较大的平面交叉。

11.1.6 平面交叉交角与岔数

平面交叉交角与岔数应符合现行《公路路线设计规范》(JTG D20)的相关规定。

11.2 平面交叉处公路的线形

11.2.1 平面线形设计

1 平面线形设计应符合现行《公路路线设计规范》(JTG D20)的相关规定。

2 平面交叉渠化设计时,应通过合理布置交通岛来保证各向转弯车道所需的线形,当斜交过大时,钝角右转弯车道应采用 S 形曲线,以避免过大的导流岛,如图 11.2.1-1 所示。

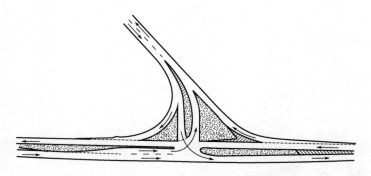

图 11.2.1-1 斜交 T 形交叉渠化设计

3 斜交 T 形交叉次要公路局部改线可采用如图 11.2.1-2a)所示方式,当交叉点不可改移时,可采用如图 11.2.1-2b)所示方式。

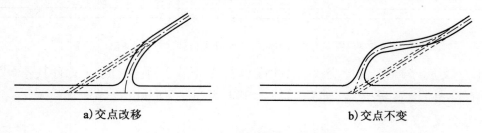

a) 交点改移　　　　　　　　　　　b) 交点不变

图 11.2.1-2 斜交 T 形交叉局部改线

4 斜交十字交叉次要公路局部改线可采用如图 11.2.1-3 所示方式,交点不变时如图 11.2.1-3a)所示,交点改移时如图 11.2.1-3b)所示。条件受限不能按上述方式改线时,可将次要公路拆分成如图11.2.1-4所示的两个错位T形交叉单独改线,两交叉口间距宜大于40m。其中逆错位交叉只限于次要公路的直行交通量比例很小的情况下。

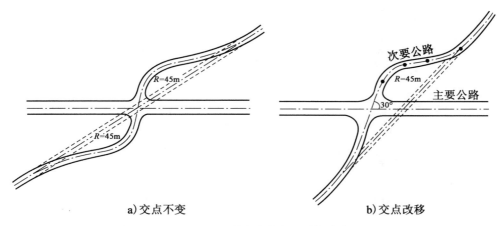

a) 交点不变　　　　　　　　b) 交点改移

图11.2.1-3　斜交十字交叉局部改线

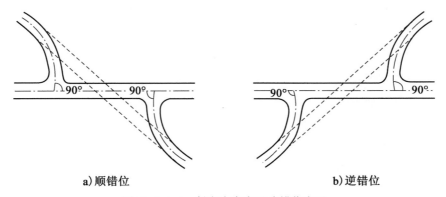

a) 顺错位　　　　　　　　b) 逆错位

图11.2.1-4　斜交十字交叉改错位交叉

11.2.2　纵面线形设计

1　纵面线形设计应符合现行《公路路线设计规范》(JTG D20)的相关规定。

2　主要公路在交叉范围内的纵坡应在0.15%~3.0%的范围内;次要公路上紧接交叉的引道部分应以0.5%~2.0%的上坡通往交叉,且此坡段至主要公路的路缘应不短于25m,如图11.2.2-1所示。

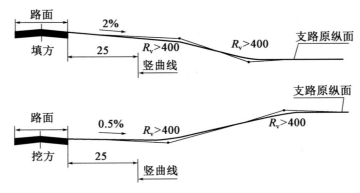

图11.2.2-1　次要公路引道纵坡(尺寸单位:m)

3 主要公路在交叉范围内的圆曲线设置超高时,次要公路的纵坡应服从主要公路的横坡。若次要公路在交叉前后相当长的范围内纵坡的趋势与主要公路的横坡相反,则次要公路在引道的一定范围内应设置S形竖曲线,如图11.2.2-2所示。

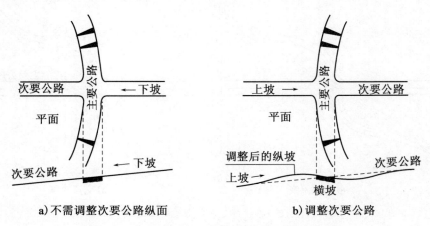

图11.2.2-2 主要公路设超高时次要公路引道纵坡

11.2.3 立面设计

1 平面交叉的两相交公路共有部分的立面形式及其引道横坡,应根据两相交公路的功能、等级、平纵线形、交通管理方式等因素而定。

1)采用"主路优先"交通管理方式的交叉,应使主要公路的横断面贯穿交叉,而调整次要公路的纵断面以适应主要公路的横断面,如图11.2.3-1所示;当调整纵断面有困难时,应同时调整两公路的横断面,如图11.2.3-2所示。

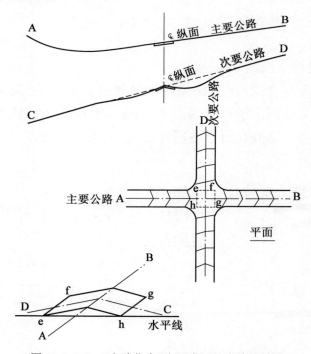

图11.2.3-1 "主路优先"交叉中调整次路的纵坡

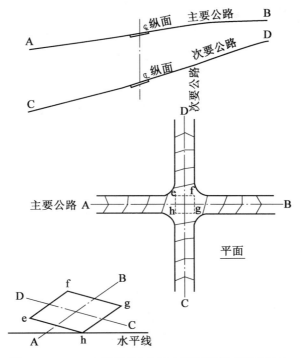

图 11.2.3-2 "主路优先"交叉中同时调整两路的横坡

2)两相交公路的功能地位相同或相仿,或者是信号交叉时,两公路均应作适当的调整,如图 11.2.3-3 所示。

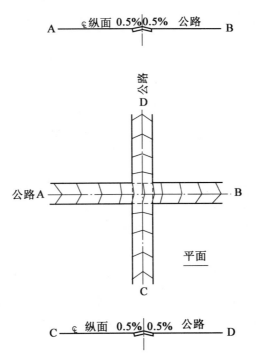

图 11.2.3-3 两相交公路功能相同的立面设计

3)主要公路超高路段与次要公路坡顶相交时,次要公路的纵面应服从主要公路的横坡而将竖曲线置于主要公路的横坡以外,且坡度代数差不宜大于 4%,条件受限时也不应大于6%,如图11.2.3-4所示。

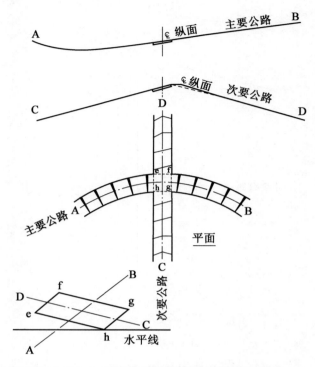

图11.2.3-4　次要公路服从主要公路的立面设计

2　分隔的右转弯车道或右转弯附加路面上,各处的高程和横坡应满足相交公路共有部分及其相邻局部段落的岔路的立面、转弯曲线所需的超高、整个交叉范围内的路面排水和路容的需要。

1)右转弯车道应以符合上述立面设计要求的左路缘线的高程作为设计控制;当以左路缘线高程控制设计导致右转弯曲线车道内缘出现影响路容的"下陷"(当超高较大时)或造成边沟设计困难时,可在不妨碍路面排水的前提下,适当调整左路缘的高程。

2)导流岛很大或右转弯车道相当长时,可按独立路段进行平、纵、横设计。但在分、汇流处应与直行行车道部分有适当的立面处理。

3)转弯曲线的超高过渡方式规定如图11.2.3-5、图11.2.3-6所示。

3　平面交叉范围内的路面排水应流畅,并以此作为立面设计的主要考虑因素之一。包括隐形岛在内的任何部分的路面上不得有积水。

1)设计时至少应有一条公路的纵坡方向背离交叉口,有利于排水。如遇特殊地形,所有公路纵坡方向都向着交叉口时,必须在交叉口内设置雨水口和排水管道,保证符合排水要求。

2)在交叉口范围布置雨水口时,雨水口应设在人行横道之前或低洼处。一条公路的雨水不应流过交叉口的人行横道,或流入另一条道路,也不能使交叉口内产生积水。

3)交叉口范围内横坡要平缓,一般不大于路段横坡,纵坡度宜不大于2%,困难情况下应不大于3%。

4)在一般平坦地形的平面交叉口,竖向设计的形状宜采用伞形形式,把交叉口的中心高程稍微抬高一些向四周倾斜,有利于排水、行车、美观和衔接处理。

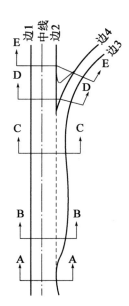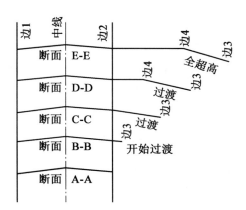

a) 等宽式变速车道

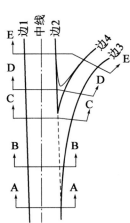

b) 渐变式变速车道

图 11.2.3-5　公路为直线时转弯曲线的超高过渡

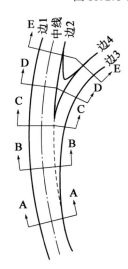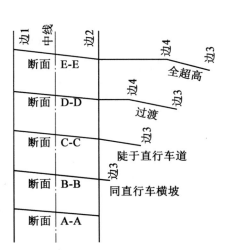

a) 右弯公路，渐变式变速车道

图　11.2.3-6

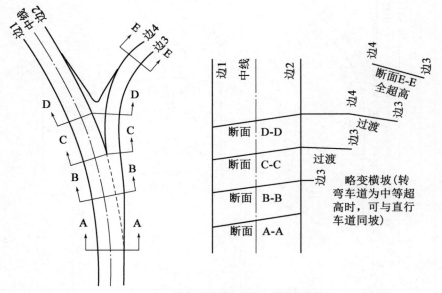

b) 左弯公路，渐变式变速车道

图 11.2.3-6　公路为曲线时转弯曲线的超高过渡

4　交叉口立面设计高程应与周围建筑物的地坪高程协调一致。

11.3　视　　距

11.3.1　引道视距

引道视距应符合下列规定：

1　每条岔路上都应提供与行驶速度相适应的引道视距，如图11.3.1所示。

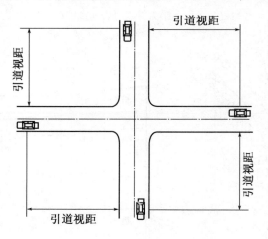

图 11.3.1　引道视距

2　引道视距在数值上等于停车视距，但量取标准为：视点高1.2m，物高0m。各种设计速度所对应的引道视距及凸形竖曲线的最小半径应符合表11.3.1的规定。

表 11.3.1 引道视距及相应的凸形竖曲线最小半径

设计速度(km/h)	100	80	60	40
引道视距(m)	160	110	75	40
引道凸形竖曲线最小半径(m)	10700	5100	2400	700

11.3.2 通视三角区设计

通视三角区的视距应符合下列规定：

1 两相交公路间，由各自停车视距所组成的三角区内不得存在任何有碍通视的物体，如图 11.3.2-1 所示。

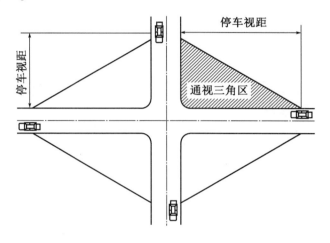

图 11.3.2-1 通视三角区

2 条件受限制不能保证由停车视距所构成的通视三角区时，应保证主要公路的安全交叉停车视距和次要公路至主要公路边车道中心线 5m～7m 所组成的通视三角区，如图 11.3.2-2 所示。安全交叉停车视距应符合表 11.3.2 的规定。

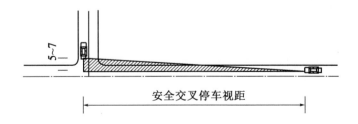

图 11.3.2-2 安全交叉停车视距通视三角区(尺寸单位:m)

表 11.3.2 安全交叉停车视距

设计速度(km/h)	100	80	60	40
停车视距(m)	160	110	75	40
安全交叉停车视距(m)	250	175	115	70

11.4 平面交叉转弯设计

11.4.1 转弯曲线所采用的设计车辆及设计速度应符合现行《公路路线设计规范》（JTG D20）的相关规定。

11.4.2 转弯路面内缘的最小圆曲线和线形应符合现行《公路路线设计规范》（JTG D20）的相关规定。

11.5 平面交叉附加车道设计

11.5.1 右转弯附加车道设计
1 右转弯附加车道设计应符合现行《公路路线设计规范》（JTG D20）的相关规定。
2 渠化的右转弯附加车道由分隔的右转弯车道及其两端的变速车道所组成，如图11.5.1所示，图中右转弯车道的参数如表11.5.1所示。

表 11.5.1 右转弯车道参数

R_1	12	14	16	18~22	24~28	30	45	90~135	150
W_1	6.4	6.1	6.1	5.5	5.2	5.2	4.9	4.6	4.6
W_2	7.7	7.7	7.4	7.1	6.8	6.4	6.1	5.8	5.8
S	1.5	1.5	1.5	1.2	1.2	1.2	0.9	0.9	0.6
R_2	$1.5R_1$							$2R_1$	
R_3	$3R_1$							$2R_1$	

注：W_1-单车道宽度；W_2-能绕越停着车辆的单车道宽度。

11.5.2 左转弯车道设计
1 左转弯车道设计应符合现行《公路路线设计规范》（JTG D20）的相关规定。
2 平交口在条件允许的情况下，应拓宽进口车道数，增设从直行车道分离出来的左转车道，并应尽量设置规范化的鱼肚皮左转车道，如图11.5.2所示，鱼肚皮设置图例如表11.5.2所示。

1）当设有较宽中间带（一般不小于4.5m）时，应将道口一定长度的中间带压缩宽度，增辟出左转车道。

2）当设有较窄中间带（宽度小于4.5m）时，利用中间带后宽度不够，可将道口单向或双向车道线向外侧偏移，增加不足部分宽度。向外侧偏移车道线后，在路幅总宽度不变的情况下，可视具体条件压缩人行道、两侧带或进口道车道宽度。

3）当相交公路不设中间带时，可通过两种途径增辟左转车道。一是向进口道的一侧或两侧扩宽，增加进口道路幅总宽度，在进口道中心附近辟出左转车道；二是不扩宽进口道，占用靠近中心线的对向车道作为左转车道。

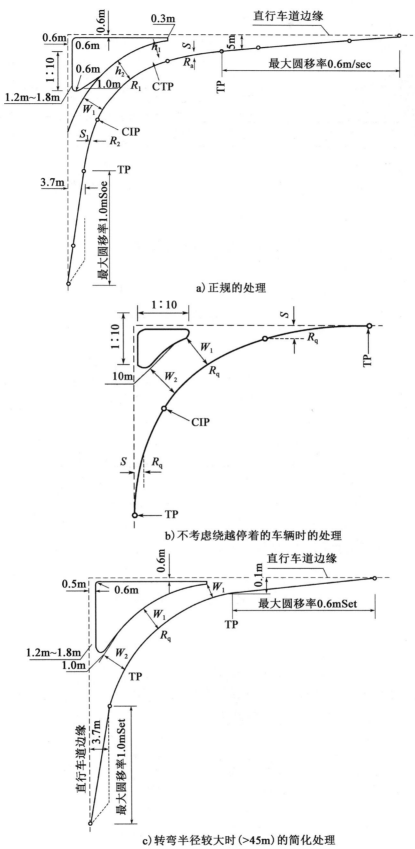

图 11.5.1 车道变宽的右转车道设置

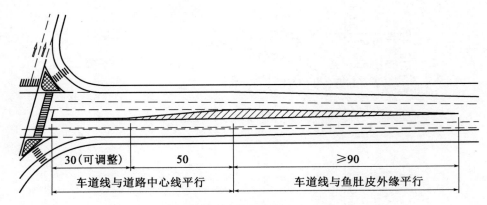

图 11.5.2　左转车道设置示例(尺寸单位:m)

表 11.5.2　鱼肚皮设置图例(m)

简易鱼肚皮	蓄车段:≥30 渐变段:≥50	
标准鱼肚皮	蓄车段:≥30 渐变段:50+≥90	
凸台鱼肚皮	蓄车段:≥30 渐变段:50+≥90	

11.5.3　变速车道设计应符合现行《公路路线设计规范》(JTG D20)的相关规定。

11.6　平面交叉的设施

11.6.1　交通岛

1　交通岛可按其组织渠化交通的功能不同分为分隔岛、安全岛、中心岛和导流岛等形式,如图 11.6.1-1 所示。分隔岛宽度按其用途规定见表 11.6.1-1。设计速度 >60km/h 的公路,若平面交叉处横穿的行人较多且横穿的距离较长,则应设置安全岛。

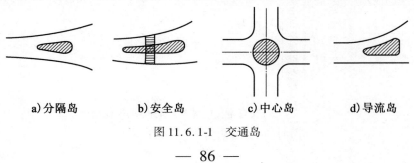

a)分隔岛　　　b)安全岛　　　c)中心岛　　　d)导流岛

图 11.6.1-1　交通岛

表 11.6.1-1 分隔岛的宽度

分隔岛的用途	宽度(m)
设置标志	1.2
个别行人避险以及今后可能设信号灯	1.8
多车道公路的信号交叉中较多行人的越路避险	2.4
左转弯车道及剩余分隔带	4.3~5.5
标线式左转弯分隔带	至少为车道宽度
二次等候左转或穿越	7m 或设计车辆长度

2 渠化平面交叉交通岛的设置应符合下列规定：

1）需专辟右转弯车道时应设置导流岛。

2）信号交叉中，左转弯为两条车道时，左转车道与同向直行车道间宜设置导流岛。

3）左转车道与对向直行车道间应设置分隔岛。

4）T形交叉中，次要公路引道上的两左转弯行迹间应设置分隔岛。

5）对向行车道间需提供行人穿越的避险场所，或需设置标志、信号立柱时，应设置分隔岛。

3 交通岛边缘的线形取决于相邻车道的路缘线形。直行车道边缘的岛缘线应根据缘石构造作不同值的偏移。岛端迎流边应偏移且圆滑化。常用的交通岛边缘形状如图 11.6.1-2 所示，有关尺寸如表 11.6.1-2 所示，缘石后退量如表 11.6.1-3 所示。

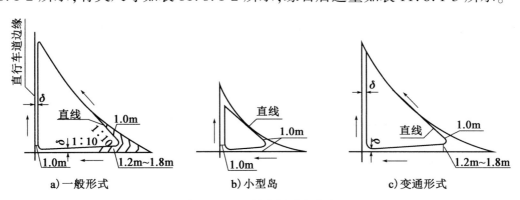

图 11.6.1-2 转角导流岛形式

表 11.6.1-2 岛端圆弧半径

岛端形状及车流方向				
半径(m)	0.3	0.6	0.6	1.0

表 11.6.1-3 缘石后退量

缘石类型	δ(m)
栏式	0.6
半可越式	0.3
可越式	0

11.6.2 行人过路设施

行人过路设施一般包含以下三种类型:人行横道、人行天桥及通道。设交通岛的交叉,人行横道的布置应结合岛的布置,使行人安全地分阶段逐一穿越行车道。过路行人多的交叉上,应设置避险岛,或加宽一般分隔岛兼供行人过路避险。

行人过路设计要点如下:

1 人行横道应设在车辆驾驶员容易看清楚的位置,尽可能靠近交叉口,与行人的自然流行一致,并尽量与行车道垂直,缩短行人过路的步行距离。

2 当人行横道过长(大于15m)时,应在人行横道中间设置行人安全岛,其宽度应大于1.5m。

3 人行横道的宽度与过路行人数及信号显示时间相关,主要公路的人行横道宽度不宜小于5m,支路的人行横道宽度不宜小于3m,可以1m为单位增减。

4 人行横道位置应平行于路段人行道的延长线并适当退后(如图11.6.2-1中的$a \geqslant 1m$的部分),在右转弯机动车容易与行人发生冲突的交叉口,应减少右转弯机动车对相邻的两个进口道行人交通的影响,其横道线不应相交,至少应留有存放一辆右转车的空间,该后退距离宜取3m~4m(如图11.6.2-1中的$b = 3m \sim 4m$的部分)。

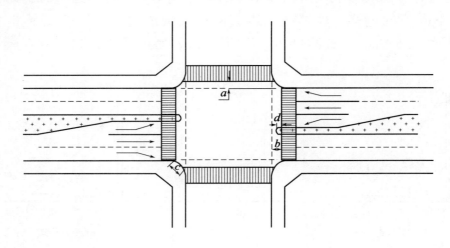

图11.6.2-1 人行横道的位置示意

5 步行道的转角部分(如图11.6.2-1中的c部分)长度应不小于小车的车身长6.0m,并应设置护栏等隔离设施。

6 有中央分隔带的进口道,人行横道应设置在中央分隔带端部后退1.0m~2.0m处,中央分隔带应为行人过路驻足提供安全保障(如图11.6.2-1中的d部分)。

7 Y形交叉口可结合导向岛设置人行横道,如图11.6.2-2所示,若行人流量很小时,可不设A段人行横道。

8 T形交叉口的人行横道布置宜如图11.6.2-3所示,若行人流量很小时,可不设A段或B段人行横道。

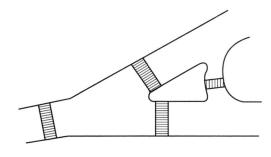

图 11.6.2-2　Y 形交叉口人行横道布置图

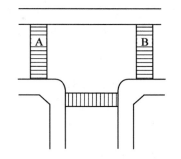

图 11.6.2-3　T 形交叉口人行横道布置

11.6.3　交通管理设施设计

1　交叉口标志、标线设计

标志的设置位置必须使驾驶员能够安全、顺利进入出口,提供的信息应该符合重复性、准确性和可读性的要求。对无信号控制的交叉口,必须设置"路权"分配的标志、标线和必要的行人过街安全设施。

2　交通信号设计

在空间上无法实现冲突车流分离的地方,应设置交通管理信号,在时间上给交通流分配不同的通行权,用交通信号灯交替显示不同的灯色来指挥交通的通行或停止。

3　停止信号

在无信号的交叉口,宜在次要公路引道上设置停车或让路标志,让主要公路上的车辆优先通行。停车标志应设在次要公路上安全驶入车速低于 15km/h 处,让路标志应设置在次要公路引道视野开阔的地方,使让路情况优先于停车情况,能使进入交叉的车辆在次要公路引道上根据主要公路来车情况,缓慢行驶,在到达停车标志(线)之前寻找主要公路上安全间隙进入交叉口,避免车辆停车、起步的操作,减轻驾驶员的工作强度。

11.6.4　栅栏、绿篱和护栏、反光镜等

1　交通量大和行人多的平面交叉,应设置栅栏或绿篱,以防止行人在人行横道以外穿越行车道。栅栏和绿篱的高度应不妨碍交叉范围内所需的各种视距。

2　人行横道贯穿交通岛时,应在岛边的适当位置设置防撞护栏,以保证岛上滞留行人的安全。

3　在特殊情况下,对视距不良的小型平面交叉,可根据具体情况设置反光镜。

11.7　平面交叉的改善

11.7.1　当已建平面交叉口存在选位不当、相交角度不合适、交叉口面积过大、缺少必要的渠化、畸形多路交叉、视距不良和行人过路安全保障不够等问题时,应对其公路条件和交通管理条件进行改善,采用改善公路设施或增加交通设施,减少或消灭冲突点,解决和处理交通安全隐患。交叉口的改善设计通常宜采用减少车辆和行人冲突点数量,使冲

突区域减少到最低限度,分化冲突点,给予主要车流优先权,控制车速,保证视距,提高通行能力和为驾驶决策提供的信息质量等措施。

11.7.2 改建前应收集该交叉的交通管理方式、现状及预测交通量、几何构造、设施现状,以及交通事故的频度、性质、严重程度及其原因等使用情况,以确定相应改建方案。

11.7.3 通行能力不足或不能保证交通安全时,应采取下列改善措施:
1 增加引道的车道数,如增加转弯车道、变速车道和非机动车道等。
2 完善渠化设计。
3 斜交角较大时,对部分岔路的平面线形作局部的改移。
4 改善视距。
5 改善引道纵面线形,并做好立面处理。
6 改善转弯曲线。
7 改变交通管理方式,完善或重新设置标志、标线和信号。
8 指定行人和非机动车的横穿位置或改善行人横穿设施,可增加越路避险岛,建设天桥或通道等。

11.7.4 平面交叉密度较高的路段,除采取相应措施改善部分平面交叉外,必要时应通过调整路网中的局部节点,取消部分平面交叉,即截断次要公路或建分离式立体交叉。

11.7.5 采取多种措施仍不能满足通行能力或保证交通安全要求时,应考虑改建为互通式立体交叉。

11.8 公路与乡村道路交叉

公路与乡村道路交叉应符合现行《公路路线设计规范》(JTG D20)的相关规定。

12 交通安全设施工程

12.1 一般规定

12.1.1 交通安全设施设计内容包括护栏、交通标志、标线、视线诱导设施（含轮廓标）、其他交通安全设施等。

12.1.2 交通安全设施应坚持"因地制宜、以人为本，安全至上，经济适用，绿色环保"的设计原则，应在交通安全综合分析的基础上，结合当地经济社会发展及资金筹措等情况，优先设置主动引导设施（限速、警告和警示标志），辅以设置必要被动防护设施。

12.1.3 安全防护整治工程应全面排查、科学设计、统筹实施、分步推进、重点突破、跟踪评估和确保成效，依据交通事故分析结果，优先采用主动引导安全设施等综合技术措施进行整治，先行整治高风险路段，应避免脱离地方实际盲目设防或过度被动设防等。

12.1.4 公路安全防护设计或整治重点：急弯陡坡、桥头小半径曲线、连续下坡、临水临崖、穿村路段、事故多发路段等危险段落及通客运班车、校车等路段。

12.1.5 普通干线公路交通安全设施设计应结合公路、交通（运行速度、交通量）、环境条件，改建工程交通安全设施设计应再结合既有道路交通事故情况进行。

12.1.6 交通安全设施设计应考虑路面加铺、罩面等因素的影响；旧路加高后，应考虑对原有护栏的利用。

12.1.7 普通干线公路交通安全设施应充分借鉴生命安全防护工程的实施经验或已有的相关经验，按照现行《广东省普通干线公路交通标志和标线设置技术指南》《公路安全生命防护工程实施技术指南（试行）》《公路交通安全设施设计规范》（JTG D81）及《公路交通安全设施设计细则》（JTG/T D81）的相关要求进行设计。

12.2 防护设施

12.2.1 应根据路段线形条件、主要风险因素、路侧危险程度、交通事故情况、行车速度和交通流组成等因素,确定并合理选择安全防护方案。

12.2.2 路侧混凝土护栏基础应与混凝土路面连接,增加防护能力,减少路肩外再占地,简化混凝土护栏基础,节省造价。

12.2.3 路侧有临崖临水、深谷、深沟等路段,可能造成单车特大事故或二次重大事故路段宜相应防撞等级路侧护栏。

12.2.4 位于急弯路段外侧、长直线尽头处的平曲线外侧、陡坡路段的下坡一侧和视距不良路段时,应设置护栏。

12.2.5 中桥及以上桥梁外侧设置护栏应采用混凝土护栏(钢结构桥梁应采用钢护栏),小桥、通道及箱涵等构造物外侧设置护栏宜采用波形梁护栏或与衔接路段路基护栏形式一致。

12.2.6 路侧安全净区的宽度不足时,应按护栏设置要求进行安全处理,上跨桥路中和路侧墩台宜设置防护设施,条件受限时应设置警示标志和标线。

12.2.7 有侧分带且侧分带能够满足防护要求(满足净区要求、有效防止车辆跨越等)时,可不布设路侧护栏,但应根据路侧情况设置相应的栏杆保护非机动车和行人。

12.2.8 路基或桥梁与隧道连接时,如两者横断面尺寸不一致,护栏和检修道应采取过渡处理,隧道出入口区域的护栏应渐变至隧道洞口,并与隧道洞口直接相连。

12.2.9 护栏在设置的起讫点、交通分流处三角地带、中央分隔带开口等位置应重点考虑迎车方向,进行便于失控车辆安全导向的端头处理。

12.3 标 志

12.3.1 注重规范、明确、完善的交通标志和标线系统设计。交通标志主要有警告、禁令、指路、指示、旅游标志等;重点做好预告、警示、限速、诱导等安全标志,发挥安全引导交通流的作用。

12.3.2 长陡下坡、急弯、连续弯道等危险路段宜设置警告标志。警告标志可与辅助标志组合使用。限速标志应根据不同路段的通行能力、车型构成比例、车辆的运行速度等分段进行设置。

12.3.3 经过村镇街区、学校、幼儿园等,应在合适位置设置地名标志、限速标志、村庄标志、学校标志。

12.3.4 桥梁宜在桥头两端适当位置根据桥梁荷载设置限制质量和限制轴重标志。

12.3.5 当公路交通条件发生变化时,应及时调整相关标志的设置。路网中与新(改、扩)建公路相关道路的交通标志应同步调整,完善设置,不能再利用的旧标志应进行拆除。

12.3.6 相邻两标志之间应保持一定的间距,防止前挡后、大挡小。

12.3.7 同一地点需设置两种以上标志时,可安装在一根标志柱上,但最多不超过4种,避免信息过载。同一位置不得设置超过3块指路标志。

12.3.8 主线与低等级公路平交时,在支线宜设置"让"或"停"的让行标志;主线与村道、支路口等其他道路平交时,应设置警示标志;主线与其他道路平交时,如已设置指路标志,可不设置交叉口警告标志。

12.3.9 限速标志应根据不同路段的通行能力、车型构成比例、车辆的运行速度等分段进行设置。

12.3.10 公路交通标志宜采用Ⅳ类超强级或Ⅴ类大角度反光膜。
1 门架、悬臂型等悬空类交通标志,交通复杂、多车道、横断面变化、视距不良、观察角过大的特殊路段的禁令、警告标志宜采用Ⅴ类大角度反光膜。
2 受雨雾等不良天气影响路段的交通标志,宜采用Ⅴ类大角度反光膜。
3 面积≤1m² 的交通标志板材料可采用铝塑板,大型标志板应采用铝合金板。
4 原版面改造类交通标志,原有字膜和底膜可采用高压水喷射清除的处理工艺,或铆钉外露的版面外套工艺,新的反光膜可采用电刻膜或数码打印的交通标志制作方式。

12.4 标　　线

12.4.1 在急弯、陡坡、学生通道、减速丘等路段应施划相应标线,其他路段宜视需要施划交通标线。

12.4.2 在事故多发、集镇区和学校等人群密集区,急弯、窄桥、隧道等路段前,长下坡路段及其他需要减速的路段前或路段中,宜设置减速标线。

12.4.3 在道路交叉口和行人横过马路较为集中的路段,如临近学校、幼儿园、医院、养老院等路段,应施划人行横道线,设置相应指示标志。

12.4.4 当双向四条及四条以上车道的整体式路基未设置中央分隔带时,应设置双黄实线,除与公路、铁路或其他道路的平面交叉或允许车辆左转弯的路段外,均应连续布置。

12.4.5 跨线桥、渡槽等墩柱或侧面墙面上及隧道洞口立面上宜设置立面标记,提醒在车行道或近旁有高出路面的障碍物,以防止发生碰撞,立面标记反光性能需达到Ⅳ类超强级及以上反光膜。

12.4.6 经常出现强侧向风的特大桥梁路段、宽度窄于路基的隧道路段、急弯陡坡路段、车行道宽度渐变路段,应设置禁止变换车道线,线宽与车行道分界线一致。

12.4.7 二级公路桥梁与路基段同宽时,路面中心线在桥梁长度范围应设置双黄中心实线,在桥梁引道两端大于160m范围内应设置黄色虚实线。公路桥梁窄于路基段时,如果条件允许,应在桥梁及两端渐变段内设置中心线,否则不划中心线。

12.4.8 设有爬坡车道的路段,应设置白色实线,禁止跨越同向车行道分界线,将慢行爬坡车辆与其他车辆进行分离。

12.4.9 突起路标宜根据需要设置,一般设置于公路的导流线及小半径、公路变窄、路面障碍物等危险路段,突起路标可单独设置成车行道边缘线和车行道分界线。突起路标反光片宜选用具有高反射率的微棱镜结构反光片,在雨夜天气和雾夜天气情况下保持较好的警示效果。

12.5 视线诱导设施

12.5.1 轮廓标

1 一级公路和避险车道应全线连续设置轮廓标,中央分隔带开口路段应连续设置轮廓标,二级公路的视距不良路段、车道数或车行道宽度有变化的路段及连续急弯陡坡路段宜设置轮廓标,其他路段视需要可设置轮廓标。

2 在气候恶劣、线形条件差和事故多发路段应设置反光性能高的轮廓标或采用尺寸较大的反射器。

3 轮廓标一般设置在公路的土路肩上或附着在路侧护栏上,轮廓标形式可根据公路是否设置护栏以及所设护栏的形式,选用附着式或柱式轮廓标,隧道内双向行车的洞壁上附着的轮廓标为双向反光型,二级公路路侧轮廓标宜应用双向反光型。

12.5.2 线形诱导标

在受山体、树木或房屋等阻挡及其他使驾驶员难以明了前方线形走向,经常发生驶出路外事故、事故严重度较高或需强烈警示驾驶员注意的曲线路段,可视具体情况设置一定数量的线形诱导标,可增加荧光黄绿色钻石级边框以增加诱导标志显著性。

12.5.3 道口标

道口标柱设置在公路沿线平面交叉路口处,用以提醒主线车辆注意路侧行车干扰。已设置指路标志的交叉路口不设置道口标柱,通视三角区内无障碍物的路口可不设置道口标注,其他交叉路口宜设置道口标柱。道口标柱宜采用非金属材料或再生材料,并涂以红白相间的反光漆。

12.6 其他交通安全设施

12.6.1 减速丘及减速路面

1 减速丘及减速路面为物理性减速设施,用于限制机动车必须减速通过的路段。
2 在支路与干线公路的交叉口前,视实际情况可设置减速丘或减速路面,控制支路汇入干线公路的车速。在进村镇前的路段、学校前的路段、进入交叉口的路段,可视需要设置减速丘或减速路面。

12.6.2 防落物网

需要设置防落物网的桥梁采用分离式结构时,应在桥梁内侧设置防落物网。

12.6.3 防眩设施

防眩设施的设置不宜影响公路的停车视距,受影响的路段应在内侧车道设置减速标线和建议限速。

12.6.4 限高架

限高架的设置位置,应考虑车辆掉头和更换路线的需求,无法掉头的路段应在平交口提前设置。设置限高架的路段应提前设置相关警告、禁令标志。

12.6.5 交通信号灯

1 相交道路等级较高,交通量达到设置信号灯要求的交叉路口应设置交通信号灯。
2 位于城镇路段的平面交叉应采用《城市道路交叉口设计规范》(CJJ 152—2010)的相关规定,采用交通信号灯管理。

13 造价编制及要求

13.1 一般规定

13.1.1 普通干线公路工程造价应树立目标成本管理理念,坚持因地制宜、量力而行,充分认识到设计对造价的核心决定作用,做到合理设计,实现合理造价。针对广东省自然地理条件复杂、干线公路建设多样性、沿线城镇化程度较高等特点,将工程设计与造价管理紧密结合起来,充分发挥设计人员的能动性和创造性,合理确定标准,灵活运用指标,以目标成本引导具体设计工作,落实好保护环境、节约资源、控制造价、提高效益的要求,充分利用旧有资源,加强总体设计,创作设计,灵活设计,合理设计,限额设计,实现广东省普通干线公路全面协调可持续发展。

13.1.2 普通干线公路工程估算、概算、预算等造价文件的编制,应执行《公路工程造价管理暂行办法》(交通运输部令〔2016〕67号)、《广东省交通运输厅关于公路工程造价管理的实施细则》(粤交〔2017〕10号),现行的《公路工程基本建设项目投资估算编制办法》《公路工程基本建设项目概算预算编制办法》与广东省交通运输厅相关补充规定,以及《广东省高速公路建设标准化管理指南(试行)》(工程造价标准化管理)(粤交基〔2011〕158号)等规定。

13.1.3 建设单位对普通干线公路工程造价负总体管控责任。建设单位应建立健全项目造价管理制度,加强项目全过程造价管理,负责组织造价文件报送审批(查)前的编制工作,督促设计单位落实批复或核准(备案)文件的内容和交通行政主管部门的意见,同时对设计单位编制的造价提出建设单位的审核意见,按审批权限报送交通行政主管部门审查、审批。

13.1.4 设计单位对普通干线公路工程造价文件的编制质量负责。设计单位应确保设计文件满足国家各项政策、法规及相关标准、规范等要求,确保工程造价基础资料真实、齐全,工程造价全面、真实地反映设计内容,做好工程前后阶段的造价对比分析,重点加强对设计概算(一阶段施工图预算)超投资估算、施工图预算超设计概算等的预判和控制。

13.2 合理设计、合理造价的基本要求

13.2.1 勘察设计与造价关系

应树立"合理设计、合理造价、限额设计"的理念,根据建设条件,满足标准和功能,因地制宜,灵活运用指标,以安全、经济、适用、环保、与自然环境相协调的设计方案,合理确定设计阶段的工程造价。

普通干线公路工程设计除按交通运输部《公路工程基本建设项目设计文件编制办法》进行编制外,还应执行《广东省公路工程施工图设计工程量总表(标准格式)编制指南》(粤交基[2014]1022号)的要求。

工程设计、技术方案是控制工程造价的关键和灵魂。工程设计是基础,技术方案决定造价,合理造价又促进设计更加合理,两者是相互作用、相互控制的能动关系,应树立"合理设计、合理造价"理念以确定设计阶段的工程造价。在满足技术规定和设计规范的基本要求下,工程技术的先进性、方案的可行性、经济的合理性是合理确定和有效控制造价的前提。做到合理设计,才能限额设计,实现合理造价。

13.2.2 设计阶段造价控制的主要原则及要求

初步设计概算是指在初步设计阶段,根据初步设计的方案和工程量,对拟建项目投资的测算。初步设计概算比投资估算的准确性有所提高,同时受批复估算总投资控制,经交通行政主管部门批准的概算是建设项目投资的最高限额,是考核建设项目投资效果的依据。初步设计概算的静态投资部分不得超过经审批或者核准的投资估算的静态投资部分的110%。

施工图设计预算是指在施工图设计阶段,根据施工图设计文件提出的设计方案和工程量,对工程投资的测算值,是组织建设项目实施的指导性文件。施工图预算相对初步设计概算更为详细和准确,施工图预算不得超过经批准的初步设计概算。

由于价格上涨、定额调整、征地拆迁变化、贷款利率调整等因素需要调整设计概算的,应当向原初步设计审批部门申请调整概算。

未经批准擅自增加建设内容、扩大建设规模、提高建设标准、改变设计方案等造成超设计概算的,不予调整设计概算。

由于地质条件发生重大变化、设计方案变更等因素造成的设计概算调整,实际投资调增幅度超过静态投资估算10%的,应当报项目可行性研究报告审批或者核准部门调整投资估算后,再由原初步设计审批部门审查调整设计概算;实际投资调增幅度不超过静态投资估算10%的,由原初步设计审批部门直接审批调整设计概算。

13.3 造价文件的编制原则与依据

13.3.1 编制原则

1 造价文件编制应按照"符合规定、实事求是、合理控制"的原则,设计单位应确保

编制成果合法、合规、完整、准确。建设单位对造价文件出具正式审核意见,并对所提交审核意见的内容及质量负责。

2 造价文件在上报审批(查)前,应按照交通行政主管部门对设计方案的评审意见、会议纪要等进行修编完善后的设计文件重新调整。

13.3.2 编制依据

1 国家发布的相关法律、法规,交通运输部发布的规章、规范、标准,广东省交通运输厅发布的相关补充规定及行业规范性文件等。

2 交通运输部及广东省交通运输厅发布的现行公路工程造价管理规定及计价办法,包括不同设计阶段相应造价文件的编制办法、指标、定额、计费标准、标准化文件、补充计价依据等。

3 "工程可行性研究批复或核准(备案)""初步设计工程部分批复"等批复或核准(备案)文件。

4 "评审意见""方案意见""会议纪要"等交通行政主管部门意见。

5 根据交通行政主管部门意见修编后的设计文件。

6 材料价格信息,与项目有关的设备、材料等调查报告或合同(协议)等文件。

7 与费用确定有关的合同(协议)、相关行业发布的参考性计价标准等其他资料。

13.4 造价文件的编制要求

13.4.1 造价文件组成、出版、提交

1 造价文件组成

根据交通运输部、广东省交通运输厅现行有关公路工程造价管理规定及计价办法,造价文件由封面、扉页及目录、编制说明、计算表格、附件等组成。

1)封面、扉页及目录:按造价文件编制办法的规定制作。

2)编制说明:应全面、如实地反映编制过程中的有关情况,编制说明内容包括但不限于:工程概况,编制范围,编制依据,人工、材料、设备单价及费率取定,各项费用计列说明,对费用影响较大的指标、定额的调整说明,与造价确定有关但不能在表格中反映的事项,造价费用结果,造价对比分析等。

3)计算表格:甲、乙组文件表格的组成及格式应符合《公路工程基本建设项目投资估算编制办法》《公路工程基本建设项目概算预算编制办法》《广东省高速公路建设标准化管理指南(试行)(工程造价标准化管理)》(粤交基〔2011〕158号)等规定,按不同设计阶段造价文件系列表格要求编制。

4)附件:除编制说明中提及的编制依据、计价规定外,与公路工程造价确定有关但未能在说明、表格中反映的支撑性资料,以书面形式装订成册,作为造价文件的必要附件。包括但不限于:建筑安装工程单项费用计列依据、征地拆迁补偿费用计列依据、前期工作费用计列依据、专项评估费用计列依据、与造价确定有关的合同(或协议)、新增补充定额编制说明及编制过程、新增(或特殊)材料、设备单价确定依据等。具体由设计单位根据公路工程具体编制情况整理提交。

2 造价文件出版

造价文件是设计文件的组成部分,由设计单位按规定出版。扉页应包括设计单位、参编单位(如有)名称,咨询(设计)证书等级、发证机关、证书号等内容,并加盖设计单位的有效出图印章。造价文件均应由编制人、复核人签署。

3 造价文件提交

造价文件提交建设单位审核,设计单位根据审核意见完善后,按设计文件编制办法的要求份数出版,由建设单位随审核意见一并报送交通行政主管部门。

13.4.2 编制具体要求

1 应保证造价文件中的设计工程量与设计方案、计价工程量与设计工程量的一致性。

2 造价文件中费用和内容构成应齐全,计算合理,不漏项、不重算。造价文件在编制过程中,造价人员应加强同设计人员的沟通,及时反馈与造价有关的设计问题,提高编制的总体质量。

3 项目由多个编制(设计)单位共同承担时,总体编制(设计)单位应负责统筹造价文件的编制原则;协调统一编制格式、设备与材料价格、取费标准等;汇编总说明、汇总各段估(概、预)算并进行整体造价对比分析。

13.4.3 编制工作流程

造价编制阶段分准备、编制和编定三个工作流程。

1 准备工作

造价文件编制应与设计工作同步进行,造价编制人员与设计人员应密切配合。造价文件编制准备工作主要包括但不限于以下内容:

1)熟悉批复或核准(备案)文件、交通行政主管部门对公路工程的(预)评审意见、方案意见、会议纪要等意见:

①熟悉发展改革行政主管部门对公路工程的路线起终点、路线走廊方案、技术标准、建设规模、工期安排、资金筹措等批复或核准(备案)文件内容。

②熟悉交通行政主管部门对公路工程的道路等级、技术标准、设计方案、实施方案等意见内容。

③熟悉可行性研究报告编制合同、勘察设计合同(或委托书)、前期审批所需专项评估事项的合同等。

2)熟悉设计文件内容

①公路工程概况:包括背景或任务依据、研究过程、设计经过、待解决问题及设计建议等。

②公路工程建设条件:包括沿线自然地理条件、制约建设方案的有关主要因素、环境敏感点等对公路工程的影响、拟建工程与相关路网(含规划道路)衔接情况、改扩建工程

原有道路状况、沿线筑路材料供应及运输情况等。

③推荐方案及建设规模:包括路线走向与路线方案、技术标准与建设规模、主要工程方案与工程数量、采用分期修建方案时近期实施方案及远期设计预留方案等情况。

④公路工程施工方案、施工组织、实施安排、资金筹措等。

⑤设计附件资料:包括批复或核准(备案)文件、交通行政主管部门意见、地方政府(部门)意见或协议等。

3)现场调查及资料搜集

收集资料包括:沿线地形、地质、水文、气候等自然条件,沿线筑路材料等经济调查供应(包括地材的产地、料场或供货地点、供货地点至工地运距、供应价,取弃土场等),场内外交通运输,施工供电(水)方式,沿线征地拆迁标准及地方有关政策标准,拌和设施设置情况、临时便道、便桥、电力及临时占地等临时工程,改移道路等技术经济信息,新工艺、新技术、新材料等情况。

调查搜集的各种基础资料或协议,以书面形式装订成册,作为造价文件的必要附件。

2 编制工作

编制工作主要包括但不限于以下内容:

1)熟悉计价规定、编制格式要求

按交通运输部和广东省交通运输厅发布的造价管理相关规定和要求,正确合理采用工程计价依据。严格按不同阶段造价项目表的项目费用设置要求、编号设置原则等划分造价文件工程子目。

2)熟悉设计图纸,核对、提取工程量

按照设计文件编制办法中对设计图表的规定,清点工程必需的图表资料是否齐全,核对图表与文本说明是否矛盾,核对设计图与数量表反映的设计工程量是否一致、汇总量是否闭合,复核对工程造价影响较大的或量大价高的设计工程量,核对设计工程量是否满足相应设计阶段计价指标、定额标准的提取要求。根据指标、定额规定的工程量计算规则,分类统计、汇总、提取与工程方案匹配并满足指标、定额套用的主体工程计价工程量。根据施工组织设计、工程实际情况确定辅助工程计价工程量。

3)套用指标、定额

根据设计方案、设计工程量,按计价规定进行指标、定额套用及调整。对于指标、定额调整超出计价规定,或定额缺项时采用的自编补充定额、地方补充定额、其他行业(如市政、建筑、铁路等)定额,或以单项费用形式计列的项目(如利用地方道路桥梁的收购费用、与地方协商的恢复地方道路费用等)等情况,应在造价文件编制说明中作专项说明。其中新增补充定额编制说明及编制过程、单项费用计列依据等均以书面形式装订成册,作为造价文件的必要附件。

4)确定单价及费率文件

人工、材料与设备、机械台班等单价按行业发布的有关造价管理及计价规定确定,其中:购置设备应结合公路运营、管理等需要确定,设计单位应做好设备的询价。新增或特殊材料单价,应通过调查、询价,再经分析、比较后确定。费率根据行业发布的有关造价管理及计价规定要求,结合工程实际执行。新增或特殊材料、设备单价确定依据、计算过程以书面形式装订成册,作为造价文件的必要附件。

5)计算工程建设其他费用

工程建设其他费用按计价规定取费计算。其中:

①土地征用及拆迁补偿费:按公路工程路线所经县(区)土地类别、占地数量、征地拆迁补偿标准计算,其中土地征用补偿费应按规定格式的公路工程建设项目土地征用补偿费用计算表填报。土地征用及拆迁补偿费用计算采用的征拆标准参照文件,或调查取得的沿线地方政府征拆补偿标准文件,均应作为造价文件的必要附件。

②研究试验费:按设计提出的拟开展的研究试验项目及相应费用安排计列。

③建设项目前期工作费:按国家发布的现行收费标准、相关行业部门规定计算,或按已签订的合同(协议)费用计列。费用内容主要包括可行性研究编制费用、勘察设计费用、招标文件及标底编制费等。按有关收费标准、规定计算的勘察设计费用编制勘察设计费用计算表。

④专项评价(估)费用:按国家发布的现行收费标准、相关行业部门规定计算,或按已签订的合同(协议)费用计列。

编制过程中工程建设其他费用的计算取费如与相关计价规定不符,应在造价文件编制说明中作专项说明。各项费用的计算过程、计列依据、合同(协议)复印件等以书面形式装订成册,作为造价文件的必要附件。

6)计算其他费用

其他费用项数和费用内容应结合公路工程推荐方案、工程实际需要确定,费用计列做到不重不漏。各项费用的计算过程、计列依据、合同(协议)复印件等以书面形式装订成册,作为造价文件的必要附件。

7)计算建设期贷款利息

根据计价规定,按推荐方案的建设年限、资本金比例、各年度贷款比例、造价文件编制时点的贷款利率等计算,或按已签订的合同(协议)费用计列。计算采用的工期、资本金比例原则上应与公路工程批复或核准(备案)文件相应内容一致,如不一致,应在造价文件编制说明中作专项说明。按已签订的合同(协议)费用计列的应附相应的文件。

8)自检及复核

设计单位内部应实行自检与复核制度。各项费用计算和确定工作完成后,造价编制人员进行自检,复核人员进行复核,包括对计价规定及编制格式的符合性、计价工程数量的摘取、指标定额的套用及调整、费率及材料单价的采用、其他费用取费基数及费率取定、技术经济指标的合理性、附件资料的齐全性等进行检查,对同类工程技术经济指标进行对比,确保造价完整、准确、合理地反映推荐方案设计的内容,完成造价文件编制。

3 编定工作

编定工作主要包括但不限于以下内容:

1)分段编制协调统一

编制过程中各设计单位应加强沟通和交流,由总体设计单位负责造价文件编制原则、设备与材料价格、取费标准等的协调统一,组织检查各合同段造价指标的合理性和一致性、与以往类似工程造价指标的对比等,并汇总公路工程造价文件。

2) 造价对比分析

设计概算(修正概算、一阶段施工图预算)对比批复或核准(备案)投资估算,以及施工图预算对比批复设计概算,均应在造价文件编制说明中分别从技术标准、建设规模、工程方案(静态因素),政策、人工与材料单价、征地、利息(动态因素,如有)等方面进行分析,并编制公路工程造价对比分析表,分析投资变化原因。

3) 附件资料整理

根据具体公路工程和编制情况,整理造价文件编制所需的各项基础资料,制成书面文件并装订成册,作为造价文件附件。

4) 提交报审稿

按文件组成、出版及提交要求,提交编制成果。

4 造价编制过程中的问题反馈

针对编制造价文件时发现的重大问题,应及时向设计负责人反馈,采取措施,相应调整设计后,再完善造价文件。

1) 推荐工程方案未落实执行批复或核准(备案)文件、交通行政主管部门意见,或与现行标准、规范不一致,造价编制人员应反馈设计负责人员修改完善。

如因特殊情况无法按批复或核准(备案)文件、交通行政主管部门意见及现行标准、规范执行,或设计文件(含造价文件)上报审批(查)时交通行政主管部门意见未正式印发,设计单位应反馈建设单位,取得后续处理方案或明确资料补充时间,并在造价文件编制说明中说明相关情况。相关的请示(汇报)文件、交通行政主管部门书面落实意见(如有)作为造价文件的必要附件。

2) 编制过程中如发现设计内容不完整、文字说明含糊不清,或设计图表未按要求编制、图表缺漏、设计工程量不闭合、设计工程量不满足指标、定额套用要求等影响造价编制和确定的,应及时反馈设计负责人沟通协调并修改完善。

3) 如遇设计概算(修正概算、一阶段施工图预算)超批复或核准(备案)投资估算允许浮动幅度范围,以及施工图预算超批复设计概算时,应反馈设计负责人共同研究、核查调整。

13.5 造价指标

造价指标使用说明如下:

1 为计划测算投资,设计控制造价,有利依法筹资,提高干线公路社会效益、工程效益。做到合理设计,才能限额设计,实现合理造价。根据近几年我省具有一定代表性的常规普通干线公路建设项目的工程设计案例,基于2019年3月时点的交通建设工程材料价格水平,统计归纳形成造价指标(详见表13.5.1-1、表13.5.1-2),主要为粤东西北地区类似自然地理条件的普通干线公路建设项目的测算投资、造价控制、限额设计提供决策参考,珠江三角洲地区可参照使用。

表 13.5.1-1 普通干线一级公路建设工程常规造价指标表

分类			一				
公路技术等级			新建双向四车道一级公路				
地形类别			平微区				
设计速度			80				
路基宽度(m)			24.5				
路面宽度(m)			21.0				
路面结构类型、厚度(cm)			水泥混凝土路面(26cm)				
序号	工程内容	单位	低值			高值		
			工程量	单价(元)	费用(元)	工程量	单价(元)	费用(元)
1	路基工程	km	0.98		4318223	0.94		9673822
1.1	土石方	m³	69335	14	956823	109745	16	1712022
1.2	特殊路基处理	km	0.20	9150000	1793400	0.56	10950000	6175800
1.3	排水	m³	1715	480	823200	1645	560	921200
1.4	边坡防护	m³	931	800	744800	1081	800	864800
2	路面工程	km	0.98		6867143	0.94		7163735
2.1	垫层	m³	3574	180	643246			
2.2	底基层	m³	4084	300	1225230	3917	300	1175221
2.3	基层	m³	3890	320	1244678	7462	320	2387750
2.4	水泥混凝土面层	m³	5351	610	3263988	5132	610	3130764
2.5	沥青混凝土面层	m³						
2.6	路面排水、路缘石	km	0.98	500000	490000	0.94	500000	470000
3	涵洞工程	km	0.98		758373	0.94		818223
3.1	1m圆管涵	m	67	3800	254163	54	3800	206283
3.2	1—2m以内盖板涵	m	15	8000	123480	20	8000	157920
3.3	1—4m以内盖板涵	m	15	18000	277830	20	18000	355320
3.4	箱涵	m	5	20000	102900	5	20000	98700
4	桥梁工程	km	0.02		1519000	0.06		4699590
4.1	大桥(桩基础)	m²	490	3100	1519000	1323	3100	4101300
4.2	中小桥(桩基础)	m²				147	4070	598290
5	交叉工程	km	0.98		1600000	0.94		1600000
5.1	平面交叉	处	2	800000	1600000	2	800000	1600000
7	沿线设施	km	1		1000000	1		1000000
7.1	安全设施	km	1	1000000	1000000	1	1000000	1000000
8	绿化及环境保护工程	km	0.98		147000	0.94		141000
8.1	绿化工程	km	0.98	150000	147000	0.94	150000	141000
9	其他工程				648390			1003855

续表13.5.1-1

序号	工程内容	单位	低值			高值		
			工程量	单价(元)	费用(元)	工程量	单价(元)	费用(元)
9.1	临时及零星工程(场地清理+改路+临时工程)	%	4%		648390	4%		1003855
	每公路公里指标	公路公里	1		16858128	1		26100225
对应的主要工程方案及工程量(路基工程)			(1)土石方:断面方平均填挖高度按2m~4m,土方比例80%~90%。 (2)特殊路基处理:处理长度按占路基长度20%~60%,按水泥搅拌桩处治。 (3)排水:圬工工程量1600m³/路基公里~1800m³/路基公里,浆砌比例80%~90%。 (4)一般边坡防护:浆砌圬工300m³/路基公里~500m³/路基公里;以植物防护为主。 (5)挡土墙:按片石混凝土圬工工程量500m³/路基公里~700m³/路基公里						
对应的主要工程方案及工程量(路面工程)			26cm厚水泥混凝土路面+18cm厚水稳碎石基层+18cm厚水稳碎石底基层+15cm厚级配碎石垫层			26cm厚水泥混凝土路面+36cm厚水稳碎石基层18cm厚水稳碎石底基层		
对应的主要工程方案及工程量(桥涵工程)			涵洞3道/路基公里,其中:管涵占比55%~65%,板涵占比30%~40%,箱涵占比约5%。 桥梁比例2%~6%,其中:大桥比例90%~100%,中小桥比例0%~10%					
对应的主要工程方案及工程量(交叉工程)			平面交叉2处/公里					
对应的主要工程方案及工程量(其他工程)			临时工程、场地清理、改路改沟占建安费用比例4%					
分类			二					
公路技术等级			新建双向四车道一级公路					
地形类别			山岭区					
设计速度			60					
路基宽度(m)			24.5					
路面宽度(m)			21.0					
路面结构类型、厚度(cm)			水泥混凝土路面(26cm)					
序号	工程内容	单位	低值			高值		
			工程量	单价(元)	费用(元)	工程量	单价(元)	费用(元)
1	路基工程	km	0.98		7632730	0.94		11569332

续表13.5.1-1

序号	工程内容	单位	低值			高值		
			工程量	单价(元)	费用(元)	工程量	单价(元)	费用(元)
1.1	土石方	m³	217560	18	3861690	312080	20	6132372
1.2	特殊路基处理	km	0.20	3400000	666400	0.47	4360000	2049200
1.3	排水	m³	1715	480	823200	1645	560	921200
1.4	边坡防护	m³	1323	1724	2281440	1457	1693	2466560
2	路面工程	km	0.98		6867143	0.94		7163735
2.1	垫层	m³	3574	180	643246			
2.2	底基层	m³	4084	300	1225230	3917	300	1175221
2.3	基层	m³	3890	320	1244678	7462	320	2387750
2.4	水泥混凝土面层	m³	5351	610	3263988	5132	610	3130764
2.5	沥青混凝土面层	m³						
2.6	路面排水、路缘石	km	0.98	500000	490000	0.94	500000	470000
3	涵洞工程	km	0.98		675024	0.94		738276
3.1	1m圆管涵	m	72	3800	273714	59	3800	225036
3.2	1—2m以内盖板涵	m	15	8000	123480	20	8000	157920
3.3	1—4m以内盖板涵	m	15	18000	277830	20	18000	355320
3.4	箱涵	m						
4	桥梁工程	km	0.02		1566530	0.06		4842180
4.1	大桥(桩基础)	m²	441	3100	1367100	1176	3100	3645600
4.2	中小桥(桩基础)	m²	49	4070	199430	294	4070	1196580
5	交叉工程	km	0.98		400000	0.94		400000
5.1	平面交叉	处	2	200000	400000	2	200000	400000
7	沿线设施	km	1		1000000	1		1000000
7.1	安全设施	km	1	1000000	1000000	1	1000000	1000000
8	绿化及环境保护工程	km	0.98		147000	0.94		141000
8.1	绿化工程	km	0.98	150000	147000	0.94	150000	141000
9	其他工程				914421			1292726
9.1	临时及零星工程(场地清理+改路+临时工程)	%	5%		914421	5%		1292726
	每公路公里指标	公路公里	1		19202848	1		27147249

续表 13.5.1-1

序号	工程内容	单位	低值			高值		
			工程量	单价(元)	费用(元)	工程量	单价(元)	费用(元)
	对应的主要工程方案及工程量(路基工程)		(1)土石方:断面方平均填挖高度6m~10m,土方比例65%~75%。 (2)特殊路基处理:处理长度按占路基长度20%~50%,按换填处治。 (3)排水:圬工工程量1600m³/路基公里~1800m³/路基公里,浆砌比例80%~90%。 (4)一般边坡防护:按圬工700m³/路基公里~900m³/路基公里,浆砌比例35%~45%;以植物防护为主。 (5)高边坡:设置长度按占路基长度约10%。 (6)挡土墙:按片石混凝土圬工工程量500m³/路基公里~700m³/路基公里					
	对应的主要工程方案及工程量(路面工程)		26cm厚水泥混凝土路面+18cm厚水稳碎石基层+18cm厚水稳碎石底基层+15cm厚级配碎石垫层			26cm厚水泥混凝土路面+36cm厚水稳碎石基层+18cm厚水稳碎石底基层		
	对应的主要工程方案及工程量(桥涵工程)		涵洞3道/路基公里,其中:管涵占比60%~70%,板涵占比30%~40%。 桥梁比例2%~6%,其中:大桥比例80%~90%,中小桥比例10%~20%					
	对应的主要工程方案及工程量(交叉工程)		平面交叉2处/公里					
	对应的主要工程方案及工程量(其他工程)		临时工程、场地清理、改路改沟占建安费用比例5%					
	分类		三					
	公路技术等级		新建双向四车道一级公路					
	地形类别		平微区					
	设计速度		80					
	路基宽度(m)		24.5					
	路面宽度(m)		21.0					
	路面结构类型、厚度(cm)		沥青混凝土路面(16cm改性)					
序号	工程内容	单位	低值			高值		
			工程量	单价(元)	费用(元)	工程量	单价(元)	费用(元)
1	路基工程	km	0.98		4318223	0.94		9673822
1.1	土石方	m³	69335	14	956823	109745	16	1712022
1.2	特殊路基处理	km	0.20	9150000	1793400	0.56	10950000	6175800
1.3	排水	m³	1715	480	823200	1645	560	921200
1.4	边坡防护	m³	931	800	744800	1081	800	864800

续表 13.5.1-1

序号	工程内容	单位	低值			高值		
			工程量	单价(元)	费用(元)	工程量	单价(元)	费用(元)
2	路面工程	km	0.98		8770690	0.94		8412702
2.1	垫层	m³	3574	180	643246	3428	180	616991
2.2	底基层	m³	4538	300	1361367	4353	300	1305801
2.3	基层	m³	7779	320	2489357	7462	320	2387750
2.4	水泥混凝土面层	m³						
2.5	沥青混凝土面层	m³	3292.8	1150	3786720	3158.4	1150	3632160
2.6	路面排水、路缘石	km	0.98	500000	490000	0.94	500000	470000
3	涵洞工程	km	0.98		758373	0.94		818223
3.1	1m圆管涵	m	67	3800	254163	54	3800	206283
3.2	1—2m以内盖板涵	m	15	8000	123480	20	8000	157920
3.3	1—4m以内盖板涵	m	15	18000	277830	20	18000	355320
3.4	箱涵	m	5	20000	102900	5	20000	98700
4	桥梁工程	km	0.02		1519000	0.06		4699590
4.1	大桥(桩基础)	m²	490	3100	1519000	1323	3100	4101300
4.2	中小桥(桩基础)	m²	0	4070	0	147	4070	598290
5	交叉工程	km	0.98		1600000	0.94		1600000
5.1	平面交叉	处	2	800000	1600000	2	800000	1600000
7	沿线设施	km	1		1000000	1		1000000
7.1	安全设施	km	1	1000000	1000000	1	1000000	1000000
8	绿化及环境保护工程	km	0.98		147000	0.94		141000
8.1	绿化工程	km	0.98	150000	147000	0.94	150000	141000
9	其他工程				724531		4%	1053813
9.1	临时及零星工程(场地清理+改路+临时工程)	%	4%		724531	4%		1053813
	每公路公里指标	公路公里	1		18837817	1		27399151

续表13.5.1-1

序号	工程内容	单位	低值			高值		
			工程量	单价(元)	费用(元)	工程量	单价(元)	费用(元)
	对应的主要工程方案及工程量(路基工程)		（1）土石方：断面方平均填挖高度按2m～4m，土方比例80%～90%。 （2）特殊路基处理：处理长度按占路基长度20%～60%，按水泥搅拌桩处治。 （3）排水：按圬工工程量1600m³/路基公里～1800m³/路基公里，浆砌比例80%～90%。 （4）一般边坡防护：按浆砌圬工300m³/路基公里～500m³/路基公里；以植物防护为主。 （5）挡土墙：按片石混凝土圬工工程量500m³/路基公里～700m³/路基公里					
	对应的主要工程方案及工程量(路面工程)		16cm厚沥青混凝土路面+36cm厚水稳碎石基层+20cm厚水稳碎石底基层+15cm厚碎石垫层					
	对应的主要工程方案及工程量(桥涵工程)		涵洞3道/路基公里，其中：管涵占比55%～65%，板涵占比30%～40%，箱涵占比约5%					
			桥梁比例2%～6%，其中：大桥比例90%～100%，中小桥比例0%～10%					
	对应的主要工程方案及工程量(交叉工程)		平面交叉2处/公里					
	对应的主要工程方案及工程量(其他工程)		临时工程、场地清理、改路改沟占建安费用比例4%					
	分类		四					
	公路技术等级		新建双向四车道一级公路					
	地形类别		山岭区					
	设计速度		60					
	路基宽度(m)		24.5					
	路面宽度(m)		21.0					
	路面结构类型、厚度(cm)		沥青混凝土路面(16cm改性)					
序号	工程内容	单位	低值			高值		
			工程量	单价(元)	费用(元)	工程量	单价(元)	费用(元)
1	路基工程	km	0.98		7632730	0.94		11569332
1.1	土石方	m³	217560	18	3861690	312080	20	6132372
1.2	特殊路基处理	km	0.20	3400000	666400	0.47	4360000	2049200
1.3	排水	m³	1715	480	823200	1645	560	921200
1.4	边坡防护	m³	1323	1724	2281440	1457	1693	2466560
2	路面工程	km	0.98		8770690	0.94		8412702
2.1	垫层	m³	3574	180	643246	3428	180	616991

续表 13.5.1-1

序号	工程内容	单位	低值			高值		
			工程量	单价(元)	费用(元)	工程量	单价(元)	费用(元)
2.2	底基层	m³	4538	300	1361367	4353	300	1305801
2.3	基层	m³	7779	320	2489357	7462	320	2387750
2.4	水泥混凝土面层	m³						
2.5	沥青混凝土面层	m³	3292.8	1150	3786720	3158.4	1150	3632160
2.6	路面排水、路缘石	km	0.98	500000	490000	0.94	500000	470000
3	涵洞工程	km	0.98		675024	0.94		738276
3.1	1m 圆管涵	m	72	3800	273714	59	3800	225036
3.2	1—2m 以内盖板涵	m	15	8000	123480	20	8000	157920
3.3	1—4m 以内盖板涵	m	15	18000	277830	20	18000	355320
3.4	箱涵	m						
4	桥梁工程	km	0.02		1566530	0.06		4842180
4.1	大桥(桩基础)	m²	441	3100	1367100	1176	3100	3645600
4.2	中小桥(桩基础)	m²	49	4070	199430	294	4070	1196580
5	交叉工程	km	0.98		400000	0.94		400000
5.1	平面交叉	处	2	200000	400000	2	200000	400000
7	沿线设施	km	1		1000000	1		1000000
7.1	安全设施	km	1	1000000	1000000	1	1000000	1000000
8	绿化及环境保护工程	km	0.98		147000	0.94		141000
8.1	绿化工程	km	0.98	150000	147000	0.94	150000	141000
9	其他工程				1009599			1355175
9.1	临时及零星工程(场地清理+改路+临时工程)	%	5%		1009599	5%		1355175
	每公路公里指标	公路公里	1		21201572	1		28458665
对应的主要工程方案及工程量(路基工程)			(1)土石方:断面方平均填挖高度按 6m~10m,土方比例 65%~75%。 (2)特殊路基处理:处理长度按占路基长度 20%~50%,按换填处治。 (3)排水:圬工工程量 1600m³/路基公里~1800m³/路基公里,浆砌比例 80%~90%。 (4)一般边坡防护:按圬工 700m³/路基公里~900m³/路基公里,浆砌比例 35%~45%;以植物防护为主。 (5)高边坡:设置长度按占路基长度约 10%。 (6)挡土墙:按片石混凝土圬工工程量 500m³/路基公里~700m³/路基公里						

续表 13.5.1-1

序号	工程内容	单位	低值			高值		
			工程量	单价(元)	费用(元)	工程量	单价(元)	费用(元)
对应的主要工程方案及工程量(路面工程)			16cm厚沥青混凝土路面+36cm厚水稳碎石基层+20cm厚水稳碎石底基层+15cm厚碎石垫层					
对应的主要工程方案及工程量(桥涵工程)			涵洞3道/路基公里,其中:管涵占比60%~70%,板涵占比30%~40%					
			桥梁比例2%~6%,其中:大桥比例80%~90%,中小桥比例10%~20%					
对应的主要工程方案及工程量(交叉工程)			平面交叉2处/公里					
对应的主要工程方案及工程量(其他工程)			临时工程、场地清理、改路改沟占建安费用比例约5%					
分类			五					
公路技术等级			新建双向六车道一级公路					
地形类别			平微区					
设计速度			80					
路基宽度(m)			32.5					
路面宽度(m)			31.0					
路面结构类型、厚度(cm)			沥青混凝土路面(16cm改性)					
序号	工程内容	单位	低值			高值		
			工程量	单价(元)	费用(元)	工程量	单价(元)	费用(元)
1	路基工程	km	0.98		6470156	0.94		13761976
1.1	土石方	m³	165620	14	2285556	219960	16	3431376
1.2	特殊路基处理	km	0.20	13350000	2616600	0.56	15150000	8544600
1.3	排水	m³	1715	480	823200	1645	560	921200
1.4	边坡防护	m³	931	800	744800	1081	800	864800
2	路面工程	km	0.98		12713875	0.94		12194942
2.1	垫层	m³	5275	180	949553	5060	180	910796
2.2	底基层	m³	6699	300	2009637	6425	300	1927611
2.3	基层	m³	11484	320	3674765	11015	320	3524774
2.4	水泥混凝土面层	m³						
2.5	沥青混凝土面层	m³	4861	1150	5589920	4662	1150	5361760
2.6	路面排水、路缘石	km	0.98	500000	490000	0.94	500000	470000
3	涵洞工程	km	0.98		1448265	0.94		1601256
3.1	1m圆管涵	m	61	3800	233415	46	3800	174135
3.2	1—2m以内盖板涵	m	20	8000	163800	20	8000	157114
3.3	1—4m以内盖板涵	m	20	18000	368550	20	18000	353507

续表13.5.1-1

序号	工程内容	单位	低值			高值		
			工程量	单价(元)	费用(元)	工程量	单价(元)	费用(元)
3.4	箱涵	m	34	20000	682500	46	20000	916500
4	桥梁工程	km	0.02		2015000	0.06		6234150
4.1	大桥(桩基础)	m²	650	3100	2015000	1755	3100	5440500
4.2	中小桥(桩基础)	m²	0	4070	0	195	4070	793650
5	交叉工程	km	0.98		1800000	0.94		1800000
5.1	平面交叉	处	3	600000	1800000	3	600000	1800000
7	沿线设施	km	1		1000000	1		1000000
7.1	安全设施	km	1	1000000	1000000	1	1000000	1000000
8	绿化及环境保护工程	km	0.98		147000	0.94		141000
8.1	绿化工程	km	0.98	150000	147000	0.94	150000	141000
9	其他工程				1023772			1469333
9.1	临时及零星工程(场地清理+改路+临时工程)	%	4%		1023772	4%		1469333
	每公路公里指标	公路公里	1		26618068	1		38202657
对应的主要工程方案及工程量(路基工程)		(1)土石方:断面方平均填挖高度按4m~6m,土方比例80%~90%。 (2)特殊路基处理:处理长度按占路基长度20%~60%,按水泥搅拌桩处治。 (3)排水:圬工工程量1600m³/路基公里~1800m³/路基公里,浆砌比例80%~90%。 (4)一般边坡防护:浆砌圬工300m³/路基公里~500m³/路基公里;考虑植物防护。 (5)挡土墙:片石混凝土圬工工程量500m³/路基公里~700m³/路基公里						
对应的主要工程方案及工程量(路面工程)		16cm厚沥青混凝土路面+36cm厚水稳碎石基层+20cm厚水稳碎石底基层+15cm厚碎石垫层						
对应的主要工程方案及工程量(桥涵工程)		涵洞3道/路基公里,其中:管涵占比35%~45%,板涵占比30%,箱涵占比25%~35%						
		桥梁比例2%~6%,其中:大桥比例90%~100%,中小桥比例0%~10%						
对应的主要工程方案及工程量(交叉工程)		平面交叉3处/公里						
对应的主要工程方案及工程量(其他工程)		临时工程、场地清理、改路改沟占建安费用比例约4%						
	分类		六					
	公路技术等级		新建一级双向六车道					
	地形类别		山岭区					
	设计速度		60					
	路基宽度(m)		32.5					
	路面宽度(m)		31.0					
	路面结构类型、厚度(cm)		沥青混凝土路面(16cm改性)					

续表13.5.1-1

序号	工程内容	单位	低值			高值		
			工程量	单价(元)	费用(元)	工程量	单价(元)	费用(元)
1	路基工程	km	0.98		8593130	0.94		13817812
1.1	土石方	m³	264600	18	4696650	387280	20	7610052
1.2	特殊路基处理	km	0.20	4040000	791840	0.56	5000000	2820000
1.3	排水	m³	1715	480	823200	1645	560	921200
1.4	边坡防护	m³	1323	1724	2281440	1457	1693	2466560
2	路面工程	km	0.98		12713875	0.94		12194942
2.1	垫层	m³	5275	180	949553	5060	180	910796
2.2	底基层	m³	6699	300	2009637	6425	300	1927611
2.3	基层	m³	11484	320	3674765	11015	320	3524774
2.4	水泥混凝土面层	m³						
2.5	沥青混凝土面层	m³	4861	1150	5589920	4662	1150	5361760
2.6	路面排水、路缘石	km	0.98	500000	490000	0.94	500000	470000
3	涵洞工程	km	0.98		1209390	0.94		1280481
3.1	1m圆管涵	m	61	3800	233415	46	3800	174135
3.2	1—2m以内盖板涵	m	38	8000	300300	43	8000	340414
3.3	1—4m以内盖板涵	m	38	18000	675675	43	18000	765932
3.4	箱涵	m						
4	桥梁工程	km	0.02		2078050	0.06		6423300
4.1	大桥(桩基础)	m²	585	3100	1813500	1560	3100	4836000
4.2	中小桥(桩基础)	m²	65	4070	264550	390	4070	1587300
5	交叉工程	km	0.98		400000	0.94		400000
5.1	平面交叉	处	2	200000	400000	2	200000	400000
7	沿线设施	km	1		1000000	1		1000000
7.1	安全设施	km	1	1000000	1000000	1	1000000	1000000
8	绿化及环境保护工程	km	0.98		147000	0.94		141000
8.1	绿化工程	km	0.98	150000	150000	1	150000	150000
9	其他工程				1307072			1762877
9.1	临时及零星工程(场地清理+改路+临时工程)	%	5%		1307072	5%		1762877

续表13.5.1-1

序号	工程内容	单位	低值			高值		
			工程量	单价(元)	费用(元)	工程量	单价(元)	费用(元)
	每公路公里指标	公路公里	1		27448517	1		37020412
	对应的主要工程方案及工程量(路基工程)		(1)土石方:断面方平均填挖高度按6m~10m,土方比例65%~75%。 (2)特殊路基处理:处理长度按占路基长度20%~60%,按换填处治。 (3)排水:圬工工程量1600m³/路基公里~1800m³/路基公里,浆砌比例80%~90%。 (4)一般边坡防护:圬工700m³/路基公里~900m³/路基公里,浆砌比例35%~45%;考虑植物防护。 (5)高边坡:设置长度按占路基长度10%。 (6)挡土墙:片石混凝土圬工工程量500m³/路基公里~700m³/路基公里							
	对应的主要工程方案及工程量(路面工程)		16cm厚沥青混凝土路面+36cm厚水稳碎石基层+20cm厚水稳碎石底基层+15cm厚碎石垫层							
	对应的主要工程方案及工程量(桥涵工程)		涵洞3道/路基公里,其中:管涵占比35%~45%,板涵占比55%~65%							
			桥梁比例2%~6%,其中:大桥比例80%~90%,中小桥比例10%~20%							
	对应的主要工程方案及工程量(交叉工程)		平面交叉3处/公里							
	对应的主要工程方案及工程量(其他工程)		临时工程、场地清理、改路改沟占建安费用比例约5%							

表13.5.1-2 普通二、三级公路建设工程常规造价指标表

分类		一				
公路技术等级		新建二级				
地形类别		山岭区				
设计速度		60				
路基宽度(m)		12.0				
路面宽度(m)		9.0				
路面结构类型、厚度(cm)		水泥混凝土路面(26cm)				
序号	工程内容	单位	低值			高值		
			工程量	单价(元)	费用(元)	工程量	单价(元)	费用(元)
1	路基工程	km	0.99		3372744	0.97		4780246
1.1	土石方	m³	66083	18	1172966	96758	20	1901285

续表13.5.1-2

序号	工程内容	单位	低值			高值		
			工程量	单价(元)	费用(元)	工程量	单价(元)	费用(元)
1.2	特殊路基处理	km	0.30	1440000	427680	0.53	1800000	960300
1.3	排水	m³	1436	600	861300	1407	680	956420
1.4	边坡防护	m³	842	1082	910798	825	1167	962241
2	路面工程	km	0.99		2389368	0.97		2802173
2.1	垫层	m³	1547	180	278490	1516	180	272864
2.2	底基层	m³				1732	300	519741
2.3	基层	m³	1871	320	598752	1650	320	527990
2.4	水泥混凝土面层	m³	2317	610	1413126	2270	610	1384578
2.5	沥青混凝土面层	m³						
2.6	路面排水、路缘石	km	0.99	100000	99000	0.97	100000	97000
3	涵洞工程	km	0.99		377190	0.97		452214
3.1	1m圆管涵	m	45	3800	169290	38	3800	143754
3.2	1—2m以内盖板涵	m	6	8000	47520	6	8000	46560
3.3	1—4m以内盖板涵	m	9	18000	160380	15	18000	261900
3.4	箱涵	m						
4	桥梁工程	km	0.01		495360	0.03		1519200
4.1	大桥(桩基础)	m²	12	3300	39600	0	3300	0
4.2	中小桥(桩基础)	m²	108	4220	455760	360	4220	1519200
5	交叉工程	km	0.99		120000	0.97		120000
5.1	平面交叉	处	2	60000	120000	2	60000	120000
7	沿线设施	km	1		500000	1		500000
7.1	安全设施	km	1	500000	500000	1	500000	500000
8	绿化及环境保护工程	km	0.99		89100	0.97		87300
8.1	绿化工程	km	0.99	90000	89100	0.97	90000	87300
9	其他工程				440626			615668
9.1	临时及零星工程(场地清理+改路+临时工程)	%	6%		440626	6%		615668

续表13.5.1-2

序号	工程内容	单位	低值			高值		
			工程量	单价(元)	费用(元)	工程量	单价(元)	费用(元)
	每公路公里指标	公路公里	1		7784387	1		10876801
	对应主要工程方案及工程量(路基工程)		(1)土石方:断面方平均填挖高度按4m~6m,土方比例65%~75%。 (2)特殊路基处理:处理长度按占路基长度30%~55%,按换填处治。 (3)排水:圬工工程量1300m³/路基公里~1500m³/路基公里,浆砌比例65%~75%。 (4)一般边坡防护:圬工300m³/路基公里~500m³/路基公里,浆砌比例85%~95%;考虑植物防护。 (5)高边坡:设置长度按占路基长度约4%。 (6)挡土墙:片石混凝土圬工工程量300m³/路基公里~500m³/路基公里						
	对应主要工程方案及工程量(路面工程)		26cm厚水泥混凝土路面+20cm厚水稳碎石基层+15cm厚级配碎石垫层			26cm厚水泥混凝土路面+18cm厚水稳碎石基层+18cm厚水稳碎石底基层+15cm厚级配碎石垫层		
	对应主要工程方案及工程量(桥涵工程)		涵洞3道/路基公里,其中:管涵占比65%~75%,板涵占比25%~35% 桥梁比例1%~3%,其中:大桥比例0%~10%,中小桥比例90%~100%					
	对应主要工程方案及工程量(交叉工程)		平面交叉2处/公里					
	对应主要工程方案及工程量(其他工程)		临时工程、场地清理、改路改沟占建安费用比例约6%					
	分类		二					
	公路技术等级		新建二级					
	地形类别		山岭区					
	设计速度		60					
	路基宽度(m)		12.0					
	路面宽度(m)		10.5					
	路面结构类型、厚度(cm)		沥青混凝土路面(10cm)					

序号	工程内容	单位	低值			高值		
			工程量	单价(元)	费用(元)	工程量	单价(元)	费用(元)
1	路基工程	km	0.99		3372744	0.97		4780246
1.1	土石方	m³	66083	18	1172966	96758	20	1901285
1.2	特殊路基处理	km	0.30	1440000	427680	0.53	1800000	960300

续表13.5.1-2

序号	工程内容	单位	低值			高值		
			工程量	单价(元)	费用(元)	工程量	单价(元)	费用(元)
1.3	排水	m³	1436	600	861300	1407	680	956420
1.4	边坡防护	m³	842	1082	910798	825	1167	962241
2	路面工程	km	0.99		2632384	0.97		3276817
2.1	垫层	m³	3610	180	649810	1769	180	318341
2.2	底基层	m³				2246	300	673738
2.3	基层	m³	2183	320	698544	3208	320	1026648
2.4	水泥混凝土面层	m³						
2.5	沥青混凝土面层	m³	1040	1140	1185030	1019	1140	1161090
2.6	路面排水、路缘石	km	0.99	100000	99000	0.97	100000	97000
3	涵洞工程	km	0.99		377190	0.97		452214
3.1	1m圆管涵	m	45	3800	169290	38	3800	143754
3.2	1—2m以内盖板涵	m	6	8000	47520	6	8000	46560
3.3	1—4m以内盖板涵	m	9	18000	160380	15	18000	261900
3.4	箱涵	m						
4	桥梁工程	km	0.01		495360	0.03		1519200
4.1	大桥(桩基础)	m²	12	3300	39600	0	3300	0
4.2	中小桥(桩基础)	m²	108	4220	455760	360	4220	1519200
5	交叉工程	km	0.99		120000	0.97		120000
5.1	平面交叉	处	2	60000	120000	2	60000	120000
7	沿线设施	km	1		500000	1		500000
7.1	安全设施	km	1	500000	500000	1	500000	500000
8	绿化及环境保护工程	km	0.99		89100	0.97		87300
8.1	绿化工程	km	0.99	90000	89100	0.97	90000	87300
9	其他工程			6%	455207		6%	644147
9.1	临时及零星工程(场地清理+改路+临时工程)	%	6%		455207	6%		644147

续表13.5.1-2

序号	工程内容	单位	低值			高值		
			工程量	单价(元)	费用(元)	工程量	单价(元)	费用(元)
	每公路公里指标	公路公里	1		8041984	1		11379923
	对应主要工程方案及工程量(路基工程)	（1）土石方：断面方平均填挖高度按4m~6m，土方比例65%~75%。 （2）特殊路基处理：处理长度按占路基长度30%~55%，按换填处治。 （3）排水：圬工工程量1300m³/路基公里~1500m³/路基公里，浆砌比例65%~75%。 （4）一般边坡防护：圬工300m³/路基公里~500m³/路基公里，浆砌比例85%~95%；考虑植物防护。 （5）高边坡：设置长度按占路基长度约4%。 （6）挡土墙：片石混凝土圬工工程量300m³/路基公里~500m³/路基公里						
	对应主要工程方案及工程量(路面工程)	10cm厚沥青混凝土路面+20cm厚水稳碎石基层+30cm厚碎石垫层				10cm厚沥青混凝土路面+30cm水稳碎石基层+20cm水稳碎石底基层+15cm级配碎石垫层			
	对应主要工程方案及工程量(桥涵工程)	涵洞3道/路基公里，其中：管涵占比65%~75%，板涵占比25%~35%						
		桥梁比例1%~3%，其中：大桥比例0%~10%，中小桥比例90%~100%						
	对应主要工程方案及工程量(交叉工程)	平面交叉按2处/公里						
	对应主要工程方案及工程量(其他工程)	临时工程、场地清理、改路改沟占建安费用比例约6%						

分类	三
公路技术等级	新建二级
地形类别	山岭区
设计速度	60
路基宽度(m)	8.5
路面宽度(m)	7.0
路面结构类型、厚度(cm)	水泥混凝土路面(26cm)

序号	工程内容	单位	低值			高值		
			工程量	单价(元)	费用(元)	工程量	单价(元)	费用(元)
1	路基工程	km	0.99		3197008	0.97		4770920
1.1	土石方	m³	64103	17	1076924	96273	19	1800295

续表 13.5.1-2

序号	工程内容	单位	低值			高值		
			工程量	单价(元)	费用(元)	工程量	单价(元)	费用(元)
1.2	特殊路基处理	km	0.30	1025000	304425	0.68	1475000	1001525
1.3	排水	m³	1436	600	861300	1407	680	956420
1.4	边坡防护	m³	891	1071	954359	873	1160	1012680
2	路面工程	km	0.99		1880397	0.97		2201023
2.1	垫层	m³	1203	180	216603	1179	180	212227
2.2	底基层	m³				1347	300	404243
2.3	基层	m³	1455	320	465696	1283	320	410659
2.4	水泥混凝土面层	m³	1802	610	1099098	1765	610	1076894
2.5	沥青混凝土面层	m³						
2.6	路面排水、路缘石	km	0.99	100000	99000	0.97	100000	97000
3	涵洞工程	km	0.99		267176	0.97		320318
3.1	1m 圆管涵	m	32	3800	119914	27	3800	101826
3.2	1—2m 以内盖板涵	m	4	8000	33660	4	8000	32980
3.3	1—4m 以内盖板涵	m	6	18000	113603	10	18000	185513
3.4	箱涵	m						
4	桥梁工程	km	0.01		365925	0.03		1122000
4.1	大桥(桩基础)	m²	8.5	3450	29325	0	3450	0
4.2	中小桥(桩基础)	m²	76.5	4400	336600	255	4400	1122000
5	交叉工程	km	0.99		120000	0.97		120000
5.1	平面交叉	处	2	60000	120000	2	60000	120000
7	沿线设施	km	1		300000	1		300000
7.1	安全设施	km	1	300000	300000	1	300000	300000
8	绿化及环境保护工程	km	0.99		89100	0.97		87300
8.1	绿化工程	km	0.99	90000	89100	0.97	90000	87300
9	其他工程			6%	373176		6%	535294
9.1	临时及零星工程(场地清理+改路+临时工程)	%	6%		373176	6%		535294

续表 13.5.1-2

序号	工程内容	单位	低值			高值		
			工程量	单价(元)	费用(元)	工程量	单价(元)	费用(元)
	每公路公里指标	公路公里	1		6592783	1		9456856
	对应主要工程方案及工程量(路基工程)		(1)土石方:断面方平均填挖高度按4m~7m,土方比例70%~80%。 (2)特殊路基处理:处理长度按占路基长度30%~70%,按换填处治。 (3)排水:圬工工程量1300m³/路基公里~1500m³/路基公里,浆砌比例65%~75%。 (4)一般边坡防护:圬工400m³/路基公里~600m³/路基公里,浆砌比例85%~95%;考虑植物防护。 (5)高边坡:设置长度按占路基长度约4%。 (6)挡土墙:片石混凝土圬工工程量300m³/路基公里~500m³/路基公里					
	对应主要工程方案及工程量(路面工程)		26cm厚水泥混凝土路面+20cm厚水稳碎石基层+15cm厚级配碎石垫层			26cm厚水泥混凝土路面+18cm厚水稳碎石基层+18cm厚水稳碎石底基层+15cm厚级配碎石垫层		
	对应主要工程方案及工程量(桥涵工程)		涵洞3道/路基km,其中:管涵占比65%~75%,板涵占比25%~35%					
			桥梁比例1%~3%,其中:大桥比例0%~10%,中小桥比例90%~100%					
	对应主要工程方案及工程量(交叉工程)		平面交叉2处/公里					
	对应主要工程方案及工程量(其他工程)		临时工程、场地清理、改路改沟占建安费用比例约6%					

分类	四
公路技术等级	新建三级
地形类别	山岭区
设计速度	60
路基宽度(m)	7.5
路面宽度(m)	6.0
路面结构类型、厚度(cm)	水泥混凝土路面(25cm)

序号	工程内容	单位	低值			高值		
			工程量	单价(元)	费用(元)	工程量	单价(元)	费用(元)
1	路基工程	km	0.99		376794	0.97		890460

续表 13.5.1-2

序号	工程内容	单位	低值 工程量	低值 单价(元)	低值 费用(元)	高值 工程量	高值 单价(元)	高值 费用(元)
1.1	土石方	m³	4084	16	65340	18188	18	327375
1.2	特殊路基处理	km	0.20	450000	89100	0.49	675000	327375
1.3	排水	m³	228	760	173052	223	840	187404
1.4	边坡防护	m³	59	830	49302	58	830	48306
2	路面工程	km	0.99		1651565	0.97		1618200
2.1	垫层	m³	1375	180	247547	1347	180	242546
2.2	底基层	m³						
2.3	基层	m³	1247	320	399168	1222	320	391104
2.4	水泥混凝土面层	m³	1485	610	905850	1455	610	887550
2.5	沥青混凝土面层	m³						
2.6	路面排水、路缘石	km	0.99	100000	99000	0.97	100000	97000
3	涵洞工程	km	0.99		119097	0.97		128913
3.1	1m 圆管涵	m	28	3800	107217	25	3800	93993
3.2	1—2m 以内盖板涵	m	1	8000	11880	4	8000	34920
3.3	1—4m 以内盖板涵	m						
3.4	箱涵	m						
4	桥梁工程	km	0.01		467250	0.03		1462500
4.1	大桥(桩基础)	m²	7.5	3800	28500	0	3800	0
4.2	中小桥(桩基础)	m²	67.5	6500	438750	225	6500	1462500
5	交叉工程	km	0.99		60000	0.97		60000
5.1	平面交叉	处	2	30000	60000	2	30000	60000
7	沿线设施	km	1		200000	1		200000
7.1	安全设施	km	1	200000	200000	1	200000	200000
8	绿化及环境保护工程	km						
8.1	绿化工程	km						
9	其他工程			3%	86241		3%	130802
9.1	临时及零星工程(场地清理+改路+临时工程)	%	3%		86241	3%		130802

续表13.5.1-2

序号	工程内容	单位	低值			高值		
			工程量	单价(元)	费用(元)	工程量	单价(元)	费用(元)
	每公路公里指标	公路公里	1		2960947	1		4490875
	对应主要工程方案及工程量(路基工程)		(1)土石方:断面方平均填挖高度按0.5m~2m,土方比例85%~95%。 (2)特殊路基处理:处理长度按占路基长度20%~50%,按换填处治。 (3)排水:圬工工程量200m³/路基公里~300m³/路基公里,浆砌比例45%~55%。 (4)挡土墙:片石混凝土圬工工程量40m³/路基公里~80m³/路基公里						
	对应主要工程方案及工程量(路面工程)		25cm厚水泥混凝土路面+20cm厚水稳碎石基层+20cm厚碎石垫层						
	对应主要工程方案及工程量(桥涵工程)		涵洞3道/路基km,其中:管涵占比95%~85%,板涵占比5%~15%						
			桥梁比例1%~3%,其中:大桥比例10%~0%,中小桥比例90%~100%						
	对应主要工程方案及工程量(交叉工程)		平面交叉2处/公里						
	对应主要工程方案及工程量(其他工程)		临时工程、场地清理、改路改沟占建安费用比例约3%						

2)科学用好造价指标低值高值,做好"一路一价"比对分析。编制的造价成果文件应与指标表的每公路公里总体指标以及路基工程、路面工程、涵洞工程、桥梁工程、交叉工程、沿线设施、绿化及环境保护、其他工程等各分项的工程量、单价、费用及占比进行对照,当突破指标较大时,造价人员应会同设计人员共同核查分析原因,优化设计方案和工程数量,合理控制工程造价。

3)造价指标表是按新建公路的路基、路面、桥涵、平交、沿线设施、绿化及环保、其他等工程每公路公里的常规工程量、指标列出的,各不同分类的造价指标所对应的主要工程方案、工程量见表格"对应的主要工程方案及工程量"。

4)造价指标表未包含辅道、市政道路及管线设施等工程内容;未包含公路隧道、互通立交匝道、旧路面处治等工程内容;未包含交通信号灯设备、监控系统设备、路线照明等机电工程内容;未包含停车区、养护工区、观景台等管理养护服务设施工程内容;未包含声屏障等环保工程内容。需要时可结合设计工程量编制造价增计。

5)如有公路隧道、互通立交匝道、桥梁(超过常规比例)、旧路面处治、软基处理(超过常规比例)等工程内容时,可结合设计工程量,参考采用表13.5.1-3的指标,调整增加确定。

6)每公路公里指标中的路基、路面、涵洞、绿化等的工程量、指标已扣除对应的桥梁长度。

7）当公路工程估算概算预算等编制办法调整以及材料相对于指标基期（2019年3月时点）交通建设工程材料价格水平变化较大时,应相应调整指标。

表 13.5.1-3　专项工程造价指标参考表

序号	工程或费用项目名称	单　　位	指　　标
一	软基处理		
1	清淤换填	元/路基 m²	90~160
2	袋装砂井	元/路基 m²	140~270
3	塑料排水板	元/路基 m²	150~200
4	水泥搅拌桩综合处理(含砂垫层、土工布等)	元/路基 m²	220~300
二	旧路面处治及路面改造		
1	挖除水泥混凝土路面	元/m³	170
2	挖除沥青混合料路面	元/m³	120
3	挖除稳定土基层	元/m³	40
4	挖除砂石路面及粒料类基层、垫层	元/m³	30
5	拆除旧建筑物、构筑物	元/m³	110
6	利用破碎路面做基层	元/m³	10
7	沥青混合料再生利用	元/m³	650
8	水泥路面压浆	元/m³	660
9	路面灌缝	元/m	3
10	垫层	元/m³	180
11	底基层	元/m³	300
12	基层	元/m³	320
13	水泥混凝土面层	元/m³	610
14	沥青混凝土面层	元/m³	1150
三	桥梁		
1	40m预应力混凝土T梁		
1.1	桥台	万元/2座	140~200
1.2	桥跨	元/m²	3200~4800
2	30m预应力混凝土箱梁		
2.1	桥台	万元/2座	130~190
2.2	桥跨	元/m²	2700~3500
3	25m预应力混凝土箱梁		
3.1	桥台	万元/2座	130~180
3.2	桥跨	元/m²	2600~3200
4	20m预应力混凝土箱梁		
4.1	桥台	万元/2座	120~180
4.2	桥跨	元/m²	2600~3100

续表13.5.1-3

序号	工程或费用项目名称	单位	指标
四	互通立交匝道		
1	匝道路基、路面	万元/km	1100~1800
2	匝道桥梁	元/m²	2700~4400
五	分离式隧道		
1	隧道净宽2×11.00m		
	隧道长0m~500m	万元/m	12~15
	隧道长501m~1000m	万元/m	10~13
	隧道长1001m~2000m	万元/m	10~12
	隧道长2001m~4000m	万元/m	10~12
2	隧道净宽2×14.75m		
	隧道长0m~500m	万元/m	18~22
	隧道长501m~1000m	万元/m	15~19
	隧道长1001m~2000m	万元/m	14~18
	隧道长2001m~4000m	万元/m	14~17

本指南用词说明

本指南执行严格程度的用词,采用下列写法:

1) 表示很严格,非这样做不可的用词,正面词采用"必须",反面词采用"严禁";

2) 表示严格,在正常情况下均应这样做的用词,正面词采用"应",反面词采用"不应"或"不得";

3) 表示允许稍有选择,在条件许可时首先应这样做的用词,正面词采用"宜",反面词采用"不宜";

4) 表示有选择,在一定条件下可以这样做的用地,采用"可"。

附件

《广东省普通干线公路设计标准化指南(试行)》

条文说明

1 总　　则

1.0.1 根据《广东省交通运输厅关于广东省普通公路设计标准化编制协调工作会议纪要》(厅工作会议纪要〔2018〕14号),未来几年,广东省普通干线公路建设(改造)将进入新一轮高峰期,为进一步提高广东省普通干线公路建设(改造)设计质量,有效控制普通干线公路工程造价,提高交通行业技术管理工作效率,加快开展普通干线公路设计标准化工作迫在眉睫。

普通干线公路标准化设计工作的开展,有利于解决当前广东省普通干线公路设计中个设计单位的设计原则不统一、设计与施工脱节、社会资源浪费等突出问题,有利于进一步提高设计和工程质量,提高施工效率,节约建设成本。

本指南重点用于规范统一普通干线公路改扩建的设计,使广东省普通干线公路的设计过程标准化,设计技术指标、技术标准更加规范化。

1.0.2 普通干线公路主要指广东省境内达到一级公路、二级公路标准的国省道,或即将由低等级公路改造成一级公路、二级公路的国省道。其他行政等级公路如县道、乡道、村道等如达到一级或二级公路标准的,可参考执行。

一级公路的设计速度涵盖60km/h～100km/h,二级公路的设计速度涵盖40km/h～80km/h。

1.0.3 收集了广东省内主要国省道改扩建项目的设计资料及专家审查意见,对各项目设计经验进行总结。对全省珠三角地区、粤北地区、粤东地区、粤西地区进行了调研,总结各地的设计经验。

1.0.4 本指南参考了《福建省普通干线公路标准化设计指南》《江苏省干线公路勘察设计指南》《湖北省普通国省道设计技术指南》《高速公路改扩建设计细则》《湖北省绿色生态旅游公路建设配套技术指南》等其他国标或省标规范,对比广东省与全国各地的设计应用的不同,编制符合广东省本地特色的设计指南。

1.0.5 明确总体设计的重要性以及总体设计应该贯穿公路项目前期工作的各个阶段。

1.0.6 强调生态环境保护、基本农田及生态林地等有限资源的保护在公路建设中的重要理念,坚持节约土地资源的基本国策。

1.0.7 强调改扩建公路项目应该先对既有公路进行必要的调查、检测和评价,以决定哪些旧路资源可以充分利用。

1.0.8 强调具体项目具体分析,不可所有项目照搬照抄,因地制宜选择合理的技术标准。

1.0.9 强调动态设计重要性。施工过程中应核查现场情况与设计的相符性,如有不同应及时调整设计,使设计与现场实际情况相符。

1.0.10 当同一项目分为几个设计合同段时,需由业主确定一家总体设计单位,统筹整个项目的总体设计,协调各合同段衔接,保证整个项目设计理念、设计原则、设计图表统一规范。

3 总体设计

3.1 一般规定

3.1.1 根据交通运输部《关于实施绿色公路建设的指导意见》,为推进绿色公路建设,坚持以可持续发展、统筹协调、创新驱动、因地制宜的建设原则,促进公路发展转型升级,建设以质量优良为前提,以资源节约、生态环保、节能高效、服务提升为主要特征的绿色公路。

3.1.3 明确公路设计应提高环保意识,最大限度做好公路设计与环境相结合,与地形相结合,尽量减少对自然景观的破坏,最好环保措施设计。

3.1.5 注重精细化设计,强调在安全的前提下尽可能减少工程量,并在设计阶段充分考虑到各方面条件或因素对项目的影响,尽量减少设计变更。

3.2 技术标准

3.2.1 根据《公路路线设计规范》(JTG D20)第2.2.4条及其条文说明,采用不同设计速度的路段不应频繁变化,统一设计速度的路段不宜过短。一般情况下,一级公路、二级公路一个设计路段长度不宜小于10km。

采用不同标准、不同设计速度的设计路段相互衔接的地点,一般应选择在交通量发生变化处,或能够明显判断前方需要改变行车速度处。一级公路宜设在互通立交或平面交叉处,二级公路宜设在交叉路口、桥梁、隧道、村镇附近或地形明显变化处。

3.2.2 根据广东省干线公路改扩建项目设计经验及地方调研,广东省目前一级公路设计速度采用100km/h的非常少,珠三角地区快速路标准均采用80km/h的设计速度,主要原因在于设计速度较快,安全隐患较大,且珠三角及沿海地带城镇化严重,平交路口较多,无法设置较高设计速度。采用100km/h的设计速度主要为粤东西北平原及丘陵地区,城镇化不高路段,城市之间连接的干线公路。

根据粤东西北地区调研,受地形条件控制,山区路段二级公路按40km/h设计速度的路段占到山区公路的70%~80%。为坚持绿色公路设计理念,使公路与地形相结合,降低工程造价,减少环境破坏,将40km/h作为二级公路设计速度的最低要求。

一级公路最低速度要求为60km/h。

3.2.3 改扩建路段局部路段因条件受限或代价较高难以达到路段技术指标时,可采用运行速度设计理念,限速差不大于20km/h,采用运行速度进行检验,对限速区段最小长度及最大长度作了规定。

限速区段最小长度＝限速标志前置距离＋减速距离＋平稳行驶距离＋加速距离。

标志前置距离＝[t_1(读取时间,取1.5s)＋t_2(决策时间,取2s)＋t_3(操作反应时间,取1.5s)]$\times v$。

减速距离:根据《公路立体交叉设计细则》(JTG D21)。当$v=100$km/h,减速距离取125m;当$v=80$km/h,减速距离取110m;当$v=60$km/h,减速距离取95m。

平稳行驶距离:根据《公路限速区划分与限速梯级过渡段设置研究》(徐婷,2011年4月),平稳驾驶最短记忆时间为60s。平稳行驶距离＝$60v$。

加速距离:根据《公路立体交叉设计细则》(JTG D21)。当$v=100$km/h,加速距离取200m;当$v=80$km/h,加速距离取180m;当$v=60$km/h,减速距离取155m。

由此计算,当由100km/h限速至90km/h时:

限速段距离＝$5\times100/3.6+125+60\times90/3.6+200=1963.9$(m),取整50m数,长度取2000m。

当由100km/h限速至80km/h时:

限速段距离＝$5\times100/3.6+125+60\times80/3.6+200=1797.2$(m),取整50m数,长度取1800m。

当由80km/h限速至70km/h时:

限速段距离＝$5\times80/3.6+110+60\times70/3.6+180=1567.7$(m),取整50m数,长度取1600m。

当由80km/h限速至60km/h时:

限速段距离＝$5\times80/3.6+110+60\times60/3.6+180=1401$(m),取整50m数,长度取1400m。

当由60km/h限速至50km/h时:

限速段距离＝$5\times60/3.6+95+60\times50/3.6+155=1166.67$(m),取整50m数,长度取1200m。

当由60km/h限速至40km/h时:

限速段距离＝$5\times60/3.6+95+60\times40/3.6+155=1000$(m)。

3.3 设 计 要 点

3.3.4 山区公路地形地质较为复杂,受公路路线平面和纵面技术指标限制,高填深挖路基不可避免。

高路堤边坡高度达到20m～30m,有的工程路堤边坡达到40m～50m,存在边坡稳定性不足和路堤不均匀沉降等问题。

深路堑土质边坡高度大于20m,石质边坡高度大于30m,边坡稳定性较差,且采用了大量预应力锚索、锚杆、抗滑桩或抗滑挡墙等加固工程。

因此,初步设计阶段应对高路堤与深路堑的沉降及稳定问题,进行高路堤与桥梁、深路堑与隧道方案的比选。

3.3.5 深厚软土地区,当填土高度超过6m时,路基沉降量较大,且路基稳定性较差。根据广东省软土地区施工经验,深厚软土地区当填土高度超高6m时,如采用复合地基进行软基处理后,填土过程中部分存在不稳定垮塌现象。

因此,为了加强软土地基稳定性,软基处理代价较大,工程造价较高,应采用桥梁方案与软基处理方案进行同深度比较。

3.3.8 交通安全性评价是指在设计阶段由设计者或者第三方按照现行《公路项目安全性评价规范》(JTG B05)等要求,从交通安全性角度对公路路线设计、相关专业设计与协调开展的分析与评价工作。公路设计中应依据交通安全性评价结论优化设计,并完善相关安全设施。一级公路、二级公路在设计阶段需进行交通安全性评价。

3.3.9 服务设施包括服务区、停车区和客运汽车停靠站。服务设施应依据公路功能需要、路网规划、建设条件、旅游景观需求、环保要求、公路服务水平和交通量增长情况等因素来布设及建设,应有重点、分层次地分期建设。

4 既有公路调查、检测与评价

4.1 一般规定

4.1.1 对既有普通干线公路进行调查及检测是大修、改造前的基本工作,各级公路管理部门应加强重视。检测单位应按照相关规范、试验规程开展试验检测工作。

4.1.2~4.1.5 既有公路调查、检测是一项专业性很强的技术工作,应由相关专业交通检测机构采用专业仪器设备检测。按照不同设计阶段划分,应进行针对性的调查与检测。路面损坏状况检测,宜优先采用自动化的快速检测手段、方法,条件不具备时,可人工检测。各项检测与试验数据宜采用计算机系统进行数据处理。

4.1.6 对旧路利用路段,调查与检测时间间隔经过不利季节或时间超过六个月的,宜重新进行调查与检测,并与最近一次检测结果进行复核。

4.2 调查与检测

4.2.1 交通量及轴载谱调查

既有公路交通荷载参数分析应结合干线公路交通量监测数据、沿线交通流特征,分段进行交通轴载参数分析,以得到交通荷载分级参数。

4.2.2 前期阶段

1 调查内容、方法及频率

既有普通干线公路调查与检测是为进行设计工作服务的,应根据不同的设计工作需求及项目特点,有针对性、有目的性地开展调查与检测工作。

前期阶段的路基、路面仅对各构造物损坏情况进行基本调查,宏观上了解项目情况,初步提出路面利用方案。

对既有普通干线公路沿线设施进行调查,原则上能够利用的公路沿线设施尽量利用,减少不必要的资源浪费。

2 检测内容、方法及频率

对不同的检测项目参数,试验检测方法参照相关现行试验检测规程进行。

本指南明确了相关检测项目的检测频率,该检测频率为指导性频率,实际应用中,应根据项目工程大小、公路等级、工程规模等条件灵活选用。

对于大跨径悬索桥、斜拉桥等特大桥应根据检测目的制定相应的检测方案和频率。区别于桥梁管养部门对桥梁的日常管养检测分时间段不同检查深度,本指南对桥涵构造物的检查采取先全面检测、再针对性检测的思路。

4.2.3 初步设计

1 调查内容、方法及频率

初步设计阶段的调查与检测应按照现行标准、规范进行调查检测。初步设计阶段的调查、检测是检测工作中的重点,这一阶段的检测内容应尽可能详实、全面,数据具有代表性,能全面指导该阶段的设计。

初步设计阶段对沥青混凝土路面除按照现行标准、规范进行调查检测外,增加了路面结构内部结构状况和材料性能评价指标,以利用分析路面病害成因。主要通过钻芯芯样进行判别,依赖检测专业技术人员知识及经验。

2 检测内容、方法及频率

桥涵构造物主要依据《公路桥梁技术状况评定标准》(JTG/T H21)、《公路桥梁承载能力检测评定规程》(JTG/T J21)及《公路桥涵养护规范》(JTG H11)进行,检测频率及数量原则上应满足进行数理统计的需要,并满足相关试验规程的数量要求。

4.2.4 施工图设计阶段

施工图设计阶段的检测主要定位为补充检测以及施工前的复核性检测。

6 公路横断面

6.1 一般规定

6.1.1 强调公路横断面建筑限界范围视距要求以及路侧影响行车视距的障碍物的清除,应提供路容范围足够宽度的路侧安全区。

6.1.2 在城市出入口及城乡接合部,混合交通流较大,公路实际承担城市道路功能,对于具有集散功能的一级公路及二级公路,可根据非汽车交通需求,参考城市道路设计规范论证设置侧分带、非机动车道和人行道。

6.1.3 一级公路中分带设置参考《公路路线设计规范》(JTG D20)6.3条及条文说明。城镇路段一级公路的中分带,应综合考虑道路规划、项目功能、城市景观需要等因素综合确定中分带宽度。

6.2 标准横断面设计

6.2.1 根据全省普通干线公路的设计经验及现场调研,参考《公路路线设计规范》(JTG D20)。

当$v=100$km/h、80km/h时,一级公路路基断面宽度按规范值取用,双向八车道时内侧小客车道可采用3.5m,中央分隔带宽度一般按2m,也可根据项目功能或中间隔离设施宽度确定。

当$v=60$km/h时,一级公路一般为集散公路,可适当压缩硬路肩宽度,硬路肩采用1.5m宽度。其余参考路线设计规范,中央分隔带宽度与$v=80$km/h时设置相同。

二级公路中,条件允许时,宜加宽硬路肩,增加行车舒适性及安全性。山区路段受地形条件限制,二级公路当$v=40$km/h时,路基宽度宜采用10m。二级公路外侧加宽的硬路肩加宽作为慢行车道行驶时,通过划线实现。

6.2.2 根据全省城镇路段公路的调研,特别是珠三角地区,城镇化严重,公路不可避免需要与城市道路相结合。穿城路段考虑到行人、非机动车、摩托车、三轮车等混合交通流的影响,若完全按公路断面宽度设置混合交通流可能会影响到行车道行车。根据全省城镇路段国省道设计经验,可适当把硬路肩进行加宽,作为混合交通流行驶。

外侧根据需要适时再建设市政配套部分,比如侧分带、辅道、非机动车道、人行道等,公路部分硬路肩则可划线为一个行车道,提供机动车行驶。

当 $v=100 \mathrm{km/h}$、$80 \mathrm{km/h}$ 及 $60 \mathrm{km/h}$ 时,在 5.2.1 条的基础上,一级公路把硬路肩加宽为 3.75m。

当 $v=80 \mathrm{km/h}$ 及 $60 \mathrm{km/h}$ 时,二级公路外侧硬路肩也采用 3.75m。当 $v=40 \mathrm{km/h}$ 时,二级公路外侧硬路肩宽度采用 3.5m。

6.3 设 计 要 点

6.3.1 参考《公路路线设计规范》(JTG D20)及《城市道路交叉口设计规程》(CJJ 152—2010)中关于互通立交匝道出入口渐变率的取值及平交口加减速车道渐变段的取值,当不同路基宽度渐变时渐变率以不大于 1:20 为宜。

6.3.2 参考《公路路线设计规范》(JTG D20)9.4.3 条及其条文说明。

6.3.4、6.3.5 参考《公路路线设计规范》(JTG D20)6.2.3 条及其条文说明。

6.3.6 参考《公路路线设计规范》(JTG D20)6.2.6 条及其条文说明。

7 路　　线

7.1 一般规定

7.1.3 广东省目前非常重视"五区一园"区域的保护,包含农田保护区、生态严控区、水源保护区、自然保护区、文物保护区、森林公园等,选线时应收集沿线走廊带敏感区资料,路线方案应尽量避开环境敏感区。

7.1.4 公路设计应采用运行速度进行检验,以提高公路运行安全和使用质量。运行速度检验中,相邻路段运行速度差不应大于20km/h,否则应对路线方案进行调整,以保证运行速度的协调性和一致性。

7.1.8 根据广东省调研,除城镇化率较高地区外,过城镇路段应优先选用绕城线方案,可避免对镇区居民出行交通的干扰,也可带动镇区未来的发展,促进地区经济的发展。

7.1.11 线元法即把公路路线平面分解成若干个线元,包含圆曲线、缓和曲线和直线,各线元径向连接,形成公路路线。

采用线元法进行山区公路的布线,可使公路路线与沿线地形相吻合,尽量减少高填深挖,保证平面线型指标的均衡性。线元法可充分利用好缓和曲线,设置不同长度的缓和曲线,做到因地制宜、灵活运用。圆曲线及缓和曲线的灵活运用,可避免路线平纵面组合的不足,克服单纯使用直线和圆曲线组合的线形与实际山区地形不符的问题。

线元法路线设计在《广东省四好农村路关键技术研究》的课题中进行了充分的运用研究,可将《广东省四好农村路关键技术研究》的路线课题与本指南综合应用,使山区公路设计更加符合绿色公路的发展理念。

7.1.12 改扩建工程项目应根据公路加宽方式是按照单侧加宽、双侧加宽、分离式路基或改线方案等方式来拟定路线比选方案,以尽量利用旧路为原则。

旧路改扩建为尽量利用旧路与旧路相结合,不宜过分追求高指标,在满足安全的前提下,路线指标可在现行《公路路线设计规范》(JTG D20)的基础上进行适当降低,以满足改造路线与旧路的拟合。

7.2 路 线 平 面

7.2.1 《公路路线设计规范》(JTG D20)中未对长直线长度作具体要求,根据广东省的调研,公路路线宜与地形地物相结合,珠三角平原地区亦有公路直线较长路段,为确保行车安全,避免驾驶员感觉单调、疲乏,公路直线长度以不超过20v为宜。

如确因地形地貌等条件限制必须采用长直线以及现状旧路为长直线改造后仍为长直线时,应结合运行速度分析和安全性评价,设置必要醒目的交通安全设施,避免出现驾驶疲劳。

7.2.2 最小直线长度参考《公路路线设计规范》(JTG D20)7.2.2条。

根据广东省国省道干线公路设计经验,在地形条件受限路段,同向曲线间直线长度当确实难以满足6v时,可适当放宽标准,以不小于4v为宜。

最短直线长度 = [s_1(第一个行车反应时间,1.5s~2.5s) + s_2(舒适行驶时间,一般可取9s) + s_3(第二个行车反应时间,1.5s~2.5s)] × v = 14 × v/3.6 ≈ 4v。

7.2.3 强调相邻路段线形指标的均衡性,比如S形曲线R_1/R_2≤2为宜、卵形曲线R_1/R_2 = 0.2~0.8为宜等,可参考《公路路线设计规范》(JTG D20)9.2.4条。

7.2.4 《公路路线设计规范》(JTG D20)9.2.1条规定了设计速度≤40km/h时,两相邻圆曲线无超高时可径向衔接。

当设计速度≥60km/h时,设计速度较快,若两相邻圆曲线无超高时径向衔接,衔接处曲率半径突变,行车舒适度较差,因此,当设计速度≥60km/h时,两反向圆曲线无超高时不得径向衔接,应设置不小于2v的最小直线长度(m),或增加回旋线设置成S形曲线。

7.2.5 较长直线段,行驶状况较好,车辆运行速度较快,直线尽头处不应接小半径曲线,容易发生因驾驶员反应不足,车辆易冲出路基或发生侧翻等安全事故,曲线半径以超高<4%为准。

7.2.7 受地形地貌等其他条件限制时,平曲线长度不应小于3倍回旋线长度,即回旋线、圆曲线、回旋线三段以不小于1:1:1为准,圆曲线应大于回旋线长度,且圆曲线长度应大于3s行程。当圆曲线长度小于回旋线长度时,应在规范允许范围内调整回旋线长度,或者采取其他措施满足三者不小于1:1:1标准。

7.2.8 存在安全隐患的小偏角路段,应对小偏角路段进行改造。无安全隐患时,小偏角路段按规范执行。

7.2.9 根据广东省公路设计经验及现场调研,大部分项目最大超高采用6%,部分山区路段最大超高采用8%,出城郊区路段行车状况较好路段采用公路超高标准,城区路段一般按2%,城区段设计速度大于等于60km/h时最大超高采用4%。城区段侧分带及非机动车道不参与超高,向外侧排水。

7.2.10 强调停车视距重要性,当中央分隔带或路基外侧有遮挡物时,首先应调整平面线形,以满足视距要求;其次可设法清除遮挡物;再次,若条件确实受限,可设置其他安保措施,比如局部限速、警示牌等提前告知驾驶员注意行车,提早减速。

7.2.12 旧路改扩建路段,为了充分利用旧路资源,对于路线的平纵面指标稍有放宽。

2 尽量拟合现状旧路,同向、反向曲线间直线长度要求若难以满足7.2.2要求时,可进行适当降低标准。或者,采用卵形曲线及S形曲线进行旧路的拟合。

3 改扩建路段条件受限路段可采用极限最小半径,以拟合现状公路。

4 旧路改扩建项目中,旧路曲线较多,且不规则,为拟合旧路可采用多圆复曲线拟合。

5 新建公路的回旋线参数 A 以在 $R/3 \leq A \leq R$ 为宜。旧路改扩建路段,为了与旧路充分拟合,回旋线参数及回旋线长度可适当放宽标准,满足规范允许范围即可。

6 改扩建项目或路面大修项目,当回旋线长度小于最大超高过渡段长度时,可将超高过渡段起点深入直线段,终点与回旋线终点即缓圆点对应;或者超高过渡段起点与回旋线起点即圆缓点对应,终点深入直线段。即最大超高点与圆缓点或缓圆点对应,前后超高过渡段向直线段延伸。

7.3 路线纵面

7.3.2 平原地区采用较低路堤可提高路基稳定性、减少软基处理费用、减少土石方数量、便于两侧土地开发及居民出行、降低工程造价,也可节约土地及获得较佳的道路景观。

7.3.3 广东地区雨季较长,暴雨集中,超高过渡段由于存在零横坡处,需利用纵坡来进行排水,最小纵坡宜进行适度调整,以不小于0.5%为宜;长路堑路段及其他横向排水不畅路段,也需通过纵坡来进行排水,最小纵坡也不宜小于0.5%。

7.3.4 强调竖曲线范围视距的重要性。同一平曲线范围不宜设置过多的短的竖曲线,防止给驾驶者造成错觉。当设计速度≥60km/h时,新建公路有条件时竖曲线半径不宜小于视觉要求的最小半径。

7.3.10 凹形竖曲线最低点不应设在隧道段,否则隧道内积水将无法排出;一般情况下,有条件时,应将凹形竖曲线最低点设在桥梁外、填方段。当确因桥梁较长或条件受限等其他因素需在桥梁段或挖方段设置凹形竖曲线时,需加密桥梁排水孔或挖方段单独设计排水设施。

7.3.11 如果凹形竖曲线半径较小,同向竖曲线特别是同向凹形竖曲线间存在直坡段时,在视觉上会产生断背的感觉。因此,同向竖曲线间直线长度不宜过短,根据设计经验,同向竖曲线间直线长度以不小于9s行程为宜,否则可调整纵断面线形,合并成单圆竖曲线或复合竖曲线。反向竖曲线间的直线坡段长度也不宜过短,以不小于3s行程为宜。

7.3.12 改扩建工程

1 强调改扩建项目纵断面设计主要原则即"宁填勿挖"。纵断面若下压挖掉旧路对于旧路材料是极大的浪费,无法充分利用旧路资源,且对于旧路两侧居民的出行也相当不便。

旧路加铺时应根据旧路状况及加铺结构来确定纵断面高度,加铺高度宜尽量缩减,减少工程量,充分利用旧路作为基层或底基层。

2 根据广东省调研,改扩建公路项目,为尽量利用旧路资源,对于最大纵坡不满足现行路线规范的,可适当放宽最大纵坡要求,在规范基础上增加1%。若增加1%后仍然无法拟合旧路的,可再进行局部的限速处理,增加必要的交通安全设施。

3~4 改扩建项目中,为尽量拟合旧路纵断面,避免过高的加铺厚度,纵断面设计不宜一味追求高指标,应因地制宜,可选用最小值及极限值,当条件受限时,可灵活采用限速等方案。在前后纵坡相差不大且不影响安全的前提下,纵坡竖曲线长度可采用3s设计速度行程。

5 旧路拟合项目,为充分利用旧路,一般路基最小纵坡不宜小于0.3%,当旧路纵坡小于0.3%时,路面加铺时有条件的应设置不同调平层厚度使公路纵断面达到0.3%。当条件受限,确实无法调整纵断面或调整相对代价较大时,可对公路两侧边沟进行单独的纵断面设计。

6 根据广东省调研,为尽量使加铺厚度均匀、节省工程造价,旧路加铺项目的最小坡长难以满足规范值要求,不可避免出现碎坡。根据调研项目设计经验,加铺项目最小坡长按不小于规范值的60%,基本可满足加铺改造需求。

7.4 平、纵面线形的组合设计

7.4.2 平、纵面线形组合设计的原则是"相互对应",且平曲线稍长于竖曲线。根据广东省公路设计经验,一般情况下,宜将变坡点置于圆曲线段,有条件限制时,可将变坡点置于回旋线范围,但竖曲线终点不可超出回旋线伸入直线段。

7.4.4 根据广东省调研,旧路拟合路段,为尽量利用旧路,"平包纵"经常难以满足,可适当降低平曲线包含竖曲线的要求。即可将平曲线范围的竖曲线伸入直线段,或将直线段内的竖曲线伸入平曲线范围。

设计速度等于40km/h的干线公路,一般位于粤东西北山区,地形地势变化较大,路线为适应地形需要,且尽量减少工程规模,"平包纵"部分路段也难以满足,也可适当降低平曲线包含竖曲线的要求。

8 路 基

8.1 一 般 规 定

8.1.1~8.1.3 路基设计应平顺,避免较大起伏,结合沿线地形条件、构造物及排水的衔接等,合理确定路基填挖高度。

8.1.5 改扩建工程应拟合旧路基高程,旧路基技术参数不满足公路等级要求的,应先对旧路基进行处治,再进行路基拓宽。同时注意新旧路基排水的衔接。

8.1.6 路基防护应与环境保护相结合,保证路基稳定的前提,减少对环境的破坏。

8.2 一 般 路 基

8.2.1 广东省岩石主要以花岗岩和石灰岩为主,土主要以砾类土和黏性土为主,土质比较好,基本满足公路路基填料的要求。路基填料的选择应因地制宜、就近取材,可以在公路沿线就近取土,但应优先利用挖方路段的土。根据路基填料类型,合理确定边坡坡率。

挖方路基在保证路基稳定的前提下,应根据边坡土质类型,合理布置挖方断面形式。

8.2.6 对于路基拓宽设计,提出了常用的拓宽方式。通过对旧路的全面调查,认为两点间的差异沉降率应控制在0.6%以内,才会避免裂缝的产生。

8.2.7 针对改扩建工程和路面改造工程中存在的路基强度问题,提出对旧路基病害的处治方法。对旧路基病害处治后,才可进行路面改造。

8.3 特 殊 路 基

8.3.1 特殊路基设计以及时反馈、动态设计为原则,合理确定处治方案。

8.3.2~8.3.3 特殊路基设计需结合项目地区气候特点和地理、地质条件等,以工程防治为主,对特殊路基处治方案进行比较分析,列举几种常用处治方案。根据处治方案的适用范围,灵活选择处治方案。

根据广东省内常见的软土路基处理方案及适用条件,择优选择处治方案。在保证路基稳定的情况下,尽量选择工程造价相对较低的方案。

8.4 路基防护

8.4.1 路基防护应以生态防护为主,工程防护为辅,与景观相协调。避免直接使用圬工进行防护。

8.4.4 分析旧路边坡产生病害的因素,与边坡排水设计相结合,对边坡病害采取措施进行综合治理。

8.5 路基路面排水

8.5.1 根据《公路排水设计规范》(JTG/T D33)、国家及交通运输部颁发的现行其他有关标准和规范,对公路排水系统提出了总体设计要求及应遵守的事项。

基于近年来人工费昂贵,排水设施圬工材料宜采用混凝土结构,避免圬工浪费。

8.5.2 结合广东省雨季情况及考虑公路使用安全性,将二级公路路面和路肩表面排水重现期从3a提高到5a。

参考《广东省高速公路排水设计指南》(2015)第4章 设计计算理论与方法,提出广东省各地区排水沟最小过水面积取值范围,该取值范围是基于降雨强度采用4.2.2中第二种计算方法,其他影响参数:排水沟长度为300m、设计流速为0.75m/s,重现期为5a,降雨历时为5min时计算得出的。

8.5.3 在排水系统设计与施工中,由于受到建设理念及费用等方面的限制,未能充分考虑地域差别,仅是简单地遵循规范要求,运用单一的排水系统结构形式,甚少考虑沿线地区的生态景观,工程后期往往出现材料浪费,生态环境破坏等问题。

参考《广东省高速公路排水设计指南》(2015),提出一般路段边沟、排水沟尽量采用浅碟形生态植草沟。

8.5.4~8.5.5 强调路面内部排水、地下排水系统设计方案。

8.5.6 根据广东省调研成果及设计经验,结合广东省改扩建工程常见的排水问题,列举出相对应的排水方案。

8.5.7 根据广东省调研成果及设计经验,结合广东省路面改造工程常见的排水问题,列举出相对应的排水改造方案。

条 文 说 明

9 路　　面

9.1 一 般 规 定

9.1.1 响应交通运输部《关于实施绿色公路建设的指导意见》推动绿色公路的建设，强调了公路路面结构全寿命周期成本的设计理念，坚持可持续发展。

9.1.3 根据广东省公路设计经验及现场调研情况，广东省路面结构多为水泥、沥青或白加黑等结构，改扩建项目逐步增加。为推进广东省绿色公路建设，应注重对旧路路面材料的再生循环利用。针对路面改扩。

9.1.5 广东省沿海地区软土地基分布广泛，强调分期修建的路面设计原则，能有效地解决路基不均匀沉降问题。

9.2 新建路面结构

9.2.1 ①根据广东省干线公路建设项目设计经验和《广东省公路路面典型结构应用技术指南（试行）》（2008），推荐了普通干线公路沥青路面典型结构形式，并依据现行《公路沥青路面设计规范》（JTG D50）进行了路面结构的验算。未筛分碎石层属于粒料层，主要作用是隔水、排水以改善基层和土基的工作条件。依据《公路沥青路面设计规范》（JTG D50），在路面结构设计验算时，未筛分碎石层参与路面结构验算。②针对不同公路等级和荷载等级条件，提出水泥混凝土板厚度适宜范围，其中对于极重交通和特重所提出的厚度参考值是依据各有利的参数值计算得到的下限。对于轻交通，所提出的厚度参考范围的高限，是依据各项不利的参数值计算得到的上限，其底限则为面层最小厚度的限值；根据广东省干线公路建设项目设计经验和《广东省公路路面典型结构应用技术指南（试行）》（2008），推荐了普通干线公路水泥混凝土路面典型路面结构形式，并依据现行《公路水泥混凝土路面设计规范》（JTG D40）进行了路面结构的验算。

9.2.2 在干线公路的交通组成中，重载和超载车辆占有一定比例，在干线公路相交或穿城路段常设有红绿信号灯，道口车辆频繁紧急制动、起动、转弯对路面结构影响较大，因此，对平交口路面结构设计应着重考虑路面结构的形式、路面结构的抗滑、抗车辙设计。

9.2.3 根据广东省调研,在长大纵坡路段交通事故相对较多,且广东省雨季较长,对长大纵坡路段的行车安全影响较大,因此,从路面设计角度,应注重路面抗滑设计、层间黏结设计以及沥青面层材料的配合比设计。

9.3 改扩建及路面改造

9.3.1~9.3.2 参考《广东省普通国省道公路路面改造(大修)工程管理规定(试行)》(2016)、《广东省公路沥青路面再生技术指南(试行)》《广东省公路水泥混凝土路面再生技术指南(试行)》等明确了旧沥青路面和旧水泥混凝土路面的处治及加铺结构。结合广东省国省道路面现状,针对软土地基多次加铺路段、城镇路段、高程受限路段的路面处治再生利用方式进行重点阐述。

9.3.3 参照《公路沥青路面再生技术规范》(JTG F41)《广东省公路水泥混凝土路面再生技术指南(试行)》(2015)、《公路路面基层施工技术细则》(JTG/T F20)等,对旧沥青路面、旧水泥混凝土路面、半刚性基层的再生材料的综合利用、再生混合料的配合比设计与施工工艺进行阐述。

9.3.4 沥青路面加宽设计应注重考虑不同结构层的层间协调、路面拼接设计及层间功能层的设置。水泥路面加宽设计应注重新旧路面的衔接处理,水泥板加宽段的设计。考虑到施工时压路机最小碾压宽度的限制,对硬路肩加宽结构形式提出要求。

9.4 路面材料

9.4.2 强调平交路口沥青混凝土路面设计时,应注重结合料以及添加剂的选择,提高路面的抗车辙能力。

9.4.4 提出道路非开挖式地聚合物注浆材料的技术指标要求。

10 桥梁涵洞

10.1 一般规定

10.1.1 桥涵结构物的安全、耐久性是最基本的要求,在保证安全、耐久性的前提下,桥涵设计要优先考虑满足功能需求,即要满足"适用"的要求,再根据具体情况考虑环保、经济和美观的要求。

10.1.2 桥涵设计中应用到的荷载等级、设计洪水频率、桥面净宽净空、通航、抗震、耐久性、结构计算等标准必须满足对应公路等级要求的现行公路设计规范。

5 桥梁通航

设计应重视通航桥梁水中墩的防撞设计,船舶撞击作用设计值宜采用相应桥梁通航论证报告中给出的要求,无实测资料或针对性研究成果时,可采用《公路桥涵设计通用规范》(JTG D60—2015)中的规定值。

7 耐久性设计

设计应符合《公路工程技术标准》(JTG B01)、《公路钢筋混凝土及预应力混凝土桥涵设计规范》(JTG 3362)、《公路工程混凝土结构耐久性设计细则》(未发布)的相关要求。

10.1.3 桥涵构造物选址大桥、特大桥桥位一般服从路线基本走向,并作为路线走向的控制点;一般中小桥及构造物的位置服从路线走向。

通航桥梁需要满足通航论证后有关部门批复的要求。

跨河流、沟渠桥梁按照所属管辖当地水务部门要求进行布设,有必要的进行防洪论证后根据有关部门批复的要求进行布设。

10.3 桥梁上部结构设计

《公路工程技术标准》(JTG B01)6.0.1 第7点规定"桥涵跨径小于或等于50m时,宜采用标准化跨径、装配式结构、机械化和工厂化施工"。考虑到超过40m预制梁自重较大,梁长较长,运输和吊装较为困难,实际中也较少用到,因此本指南将预制梁长度建议在40m及以下。

新建干线公路,在填土较高考虑梁高可满足净空要求条件下,优先选用预制装配式小箱梁结构桥梁。

10.4　桥梁下部结构设计

10.4.2　桥台
1　桥台形式

选择桥台形式除考虑地质条件、填土高、结构安全合理外,还需要考虑与相连路基的衔接,台前放坡的可实施性。

2　桥头搭板

本指南桥头搭板建议新建干线公路根据不同填土高度采用两种长度,即6m和8m。改扩建农村公路需结合旧桥搭板长度,新旧桥进行拼接时建议新桥采用与旧桥相同长度的搭板,以便于路面和搭板的过渡设置。

《广东省高速公路工程设计标准化》中规定搭板长度为6m和8m,《公路桥涵设计通用规范》(JTG D60)第3.5.5条规定,"搭板长度不宜小于5m;桥台高度不小于5m时,搭板长度不宜小于8m"。

10.6　桥梁改扩建

10.6.1　改扩建工程中,中、小桥一般根据路线方案确定扩建方式。一般大桥和特殊结构大桥扩建方式有必要时应作多方案对比分析后确定。

10.7　桥面铺装、桥面排水、伸缩装置及其他

10.7.1　干线公路采用水泥混凝土路面时,对应桥梁采用防水水泥混凝土桥面铺装。预制桥梁可采用整体化层与桥面铺装合并的设计,施工较为简便,质量较易控制。

10.7.3　梳齿型伸缩装置噪声较小,可满足近城镇或城镇公路对降噪要求。

10.8　涵　洞

10.8.1　新建干线公路应选择跨径较大涵洞,兼顾排水和便于养护的要求。结合使用《广东省高速公路工程设计标准化》中的各种类型涵洞的跨径。

扩建干线公路,当旧圆管涵管径小于1.5m,接长圆管涵可采用1.5m,新旧洞口作衔接处理;当旧涵为拱涵时,可采用盖板涵接长,新旧洞口作衔接处理。

实际工程中,经常遇到涵洞填土高按照中心线高程计算满足暗涵设计,但接长后某侧涵洞口填土高可能只有20cm左右,给路面结构施工带来困难,因此建议此种情况

按明涵处理,涵洞顶设调平层加桥面铺装,台后设搭板,以保证台后回填质量,减少跳车发生。

10.8.3 盖板涵涵洞基础可选用分离式或整体式,当采用分离式基础需要进行涵洞下地基处理时,应与整体式基础作技术经济比选。

11 平 面 交 叉

11.1 一 般 规 定

11.1.2 平面交叉交通管理方式

1 交通量较大的两条一级公路交叉不宜采用主路优先控制方式,当其中一条公路或全部公路交通量均较小,不宜采用信号交叉控制时,应采取工程措施将其中一条公路入口车道压缩至双向两车道,并在车道数量压缩的公路上设置停车让行设施。

2 所有无信号灯控制的平面交叉宜采用停车让行或减速让行标志标线明确冲突交通流的优先权,不推荐采用无优先权控制平面交叉。平面交叉的设计应通过线形设计、车道宽度调整、标志标线设置等方式让驾驶员根据道路条件和渠化方式迅速判定优先交通流向。

11.1.3 平面交叉设计速度

2 左转弯交通流属次优先交通流,车辆需要让直行车辆,因此左转弯设计速度不宜取值过高,满足车辆低速通行即可,一般取 5km/h~15km/h 比较适宜。当左转弯交通量较大时,可适当提高转弯速度,但不宜大于 20km/h,以免平面交叉面积过大,不利于交通冲突控制和行人通行安全。右转弯设计速度,无交通岛时不宜高于 30km/h,有交通岛的宜取值 20km/h~60km/h。在穿村镇、行人较多的路段从交通安全角度考虑,建议右转弯设计速度取低值。

11.1.6 平面交叉岔数及交角

1 斜交等不规范的平面交叉不利于车辆转弯和驾驶员观察相交公路路况,对交通安全影响较大。

2 平面交叉岔数多于四条,交通组织将十分困难。

11.2 平面交叉处公路的线形

11.2.1 平面线形设计

1 平面交叉位于小半径曲线路段容易加重驾驶员操作负担,且容易导致视距不良。对设计而言,平面交叉位于设置超高路段,交叉口竖向设计较为困难。因此新建公路平面交叉不宜设置于设置超高的曲线路段。

2 次要公路在平面交叉位置对线形要求较低,小角度斜交情况下,对次要道路进行局部改线可明显提升交通安全。

   3 改建公路设置于设置超高的曲线路段的平面交叉在受地形限制或征地拆迁等因素不具备移位或改善道路线形时,应采取预告、警示或设置信号控制等措施降低曲线对平面交叉的影响。

11.2.2 纵面线形设计

   1 纵断面线形是导致平面交叉视距不良的因素之一,纵断面线形设计应满足视距要求。

   2 若次要公路引道上坡坡度较大,次要公路驾驶员容易误判交叉口型式,同时需要较长穿插间隙驶上主要公路;若次要公路下坡坡度较大,次要公路车辆驾驶员容易冲过停车让行线。

   3 在平面交叉位置,次要公路纵断面线形设计应符合主要公路横断面要求,以保证主要公路畅行且避免交叉范围内路面高程突变。

11.3 视　　距

11.3.2 通视三角区设计

   1 设计速度决定视距三角边长,交通管制方式则决定视距三角边长计算方式。在交通管制方式中,信号控制和停车让行控制视距三角计算方式较为接近,减速让行控制方式与无控制方式视距三角计算方式比较接近。

11.4 平面交叉转弯设计

11.4.2 转弯路面内缘的最小圆曲线和线形应符合的规定

单心圆曲线比较简单,主要用于小客车比例较高的交叉,三心圆曲线和直线渐变段接单曲线与大型车辆转弯轨迹拟合较好,其他线形应用较少。

12 交通安全设施工程

12.2 防护设施

12.2.2 路侧混凝土护栏基础应与混凝土路面连接,增加防护能力,减少路肩外再占地,简化混凝土护栏基础,节省造价。

临崖临水、深谷、深沟等特殊路段按照规范要求,如需设置路侧混凝土护栏,因路侧较难生根,应设置与路面结构进行有效连接,提高防撞护栏的整体防撞能力。

12.2.8 路基或桥梁与隧道连接时,如两者横断面尺寸不一致,护栏和检修道应采取过渡处理,隧道出入口区域的护栏应渐变至隧道洞口,并与隧道洞口直接相连。

隧道入口位置因为横断面不一致,可能容易发生交通事故,应加强过渡段的设计,避免车辆失控后直接撞击洞门或检修道。

12.2.9 护栏在设置的起讫点、交通分流处三角地带、中央分隔带开口等位置应重点考虑迎车方向,应进行便于失控车辆安全导向的端头处理。

对于护栏起讫点、分流三角端护栏、中央分隔带开口等位置,建议设置安全导向的防撞垫或防撞桶设施。

12.3 标志

12.3.2 急弯路段、陡坡路段、连续下坡路段、视距不良路段应设置警告标志,必要时增设辅助说明标志。

长陡下坡、急弯、连续弯道等危险路段宜设置警告标志。警告标志可与辅助标志组合使用。限速标志应根据不同路段的通行能力、车型构成比例、车辆的运行速度等分段进行设置。

长陡下坡、急弯、连续弯道等重点路段的警告标志设置,有利于在线性组合不良好的路段,给予驾驶员必要的警告和提示。通过设置辅助标志的形式提示特征路段的信息,为驾驶员提供更详细的道路状况。

12.3.10 公路交通标志宜采用Ⅳ类超强级或Ⅴ类大角度反光膜。

1 门架、悬臂型等悬空类交通标志,交通复杂、多车道、横断面变化、视距不良、观察角过大的特殊路段的禁令、警告标志宜采用Ⅴ类大角度反光膜。

  2 受雨雾等不良天气影响路段的交通标志,宜采用Ⅴ类大角度反光膜。

  3 面积≤1m²的交通标志板材料可采用铝塑板,大型标志板应采用铝合金板。

  4 原版面改造类交通标志,原有字膜和底膜可采用高压水喷射清除的处理工艺,或铆钉外露的版面外套工艺,可采用电刻膜或数码打印的交通标志制作方式。

  根据《国家公路网交通标志调整工作技术指南》(实施日期:2017年12月01日)对标志施工工艺的要求,原有字膜和底膜可采用高压水喷射清除的处理工艺,或铆钉外露的版面外套工艺,新的反光膜可采用电刻膜或数码打印的交通标志制作方式。

12.4 标　　线

12.4.3 突起路标宜根据需要设置,一般设置于公路的导流线及小半径、公路变窄、路面障碍物等危险路段,突起路标可单独设置成车行道边缘线和车行道分界线。突起路标反光片宜选用具有高反射率的微棱镜结构反光片,在雨夜天气和雾夜天气情况下保持较好的警示效果。

  对突起路标的使用要求及相关构件材料进行明确,要求在雨夜天气和雾夜天气情况下保持较好的警示效果,另外应具有一定的抗压强度,不易脱落。